Ullstein Sachbuch

ÜBER DAS BUCH:

Viele Schachfreunde glauben irrtümlich, daß taktisches Können nur durch eine langjährige Turniererfahrung erlernbar ist. Mit diesem Irrtum räumt der ungarische Großmeister nun endgültig auf: Mit seiner Methode erlernt der Leser und Nachspielende die Ausführung von wirksamen taktischen Manövern auch zu Hause. *Schachtaktik für jedermann* faßt das taktische Element des Spiels, die Kombinationen und deren Gesetzmäßigkeiten in einem übersichtlichen System zusammen. Die Systematik verhilft dem Schachspieler dazu, die Krise rechtzeitig zu erkennen und Fehlern vorzubeugen.

János Flesch

Schachtaktik
für jedermann

Ullstein Sachbuch

Ullstein Sachbuch
Ullstein Buch Nr. 34893
im Verlag Ullstein GmbH,
Frankfurt/M – Berlin
Aus dem Ungarischen
übersetzt von Béla Tomor

Unveränderte Ausgabe

Umschlagentwurf:
Hansbernd Lindemann
Unter Verwendung eines Fotos von
Mechthild Wilhelmi, Berlin
Alle Rechte vorbehalten
© 1982 by János Flesch
© für die deutsche Ausgabe
1982 by Frankh'sche Verlagshandlung
W. Keller & Co., Stuttgart
Printed in Germany 1992
Druck und Verarbeitung:
Ebner Ulm
ISBN 3 548 34893 9

Juni 1992

Die Deutsche Bibliothek –
CIP-Einheitsaufnahme

Flesch, János:
Schachtaktik für jedermann / János
Flesch. [Aus dem Ungar. übers. von Béla
Tomor]. – Unveränd. Ausg. –
Frankfurt/M; Berlin: Ullstein, 1992
  (Ullstein-Buch; Nr. 34893:
  Ullstein-Sachbuch)
  ISBN 3-548-34893-9
NE: GT

Inhalt

Erklärung der Zeichen und der Notation

Die 32 Steine und ihre Symbole

	Weiß	*Schwarz*	In Notation
Je 1	♔	♚	K = König
Je 1	♕	♛	D = Dame
Je 2	♖ ♖	♜ ♜	T = Turm
Je 2	♗ ♗	♝ ♝	L = Läufer
Je 2	♘ ♘	♞ ♞	S = Springer
Je 8	♙	♟	Ohne Zeichen *(Nur bei Stellungs-angabe wird B geschrieben)*

Das Schachbrett und die Bezeichnung der 64 Felder

Die Notation (das Aufschreiben der Züge) dient dazu, den gespielten Zug festzuhalten, um ihn nachspielen zu können. Es gibt die ausgeschriebene (vollständige) und die abgekürzte (Kurznotation) Notation.

Ein Beispiel der ausgeschriebenen Notation aus der Anfangsstellung:
1.e2-e4 e7-e5 2.Sg1-f3 Sb8-c6 3.d2-d4 e5xd4

Dieselben Züge in Kurznotation:
1.e4 e5 2.Sf3 Sc6 3.d4 ed4:

Die erste Hälfte der Notation sagt uns den weißen Zug, dahinter folgt der schwarze Gegenzug. Die Punkte

	a	b	c	d	e	f	g	h
8	a8	b8	c8	d8	e8	f8	g8	h8
7	a7	b7	c7	d7	e7	f7	g7	h7
6	a6	b6	c6	d6	e6	f6	g6	h6
5	a5	b5	c5	d5	e5	f5	g5	h5
4	a4	b4	c4	d4	e4	f4	g4	h4
3	a3	b3	c3	d3	e3	f3	g3	h3
2	a2	b2	c2	d2	e2	f2	g2	h2
1	a1	b1	c1	d1	e1	f1	g1	h1

hinter der Zugziffer bedeuten, daß der vorausgehende weiße Zug bereits bekannt ist.

Zum Beispiel auf Seite 28 bei der Partie Michaljtschischin — Kasparow beim Zug 9. ...h7-h6; der vorausgehende Zug von Weiß war 9.h2-h3, danach kommt eine Anmerkung zum Zug von Weiß; dann wird die Partie fortgesetzt mit 9. ...h7-h6.

In einigen Schachbüchern wird auch der fehlende schwarze Zug mit Punkten markiert; z. B. 26.Ld3... e4... es ist aber nicht mehr üblich.

Die in diesem Band vorkommenden Zeichen sind:

-	zieht nach
×	schlägt
:	schlägt (Kurznotation)
†	Schach
#	Matt
!	guter Zug
?	schlechter Zug
!?	interessanter Zug (zweischneidig)
?!	fraglicher Zug, aber interessant
!!	sehr guter Zug
??	grober Fehler
±	Vorteil für Weiß
∓	Vorteil für Schwarz
+—	entscheidender Vorteil für Weiß
—+	entscheidender Vorteil für Schwarz
+=	Weiß steht etwas besser
=+	Schwarz steht etwas besser
0—0	kurze Rochade
0—0—0	lange Rochade
1:0	Weiß hat gewonnen
0:1	Schwarz hat gewonnen
=	Remis (oder Gleichstand)
GM	Großmeister
IM	Internationaler Meister

Neue Methode zur Weiterbildung in der Schachtaktik

Die Probleme der Taktikgabe

Der Bereich der Taktik im Schachspiel bietet sehenswerte Anblicke und rätselhafte Probleme. Daraus folgt der weitverbreitete Irrtum, daß taktisches Können untrennbar mit den vielfältigen Erfahrungen in Turnierkämpfen verknüpft sei und zwar entsprechend den angeborenen Fähigkeiten des einzelnen. Ein Taktiker müsse zur Taktik geboren sein, glaubten lange Zeit auch die Fachleute. Diese Meinung traf genau auf die Eitelkeit der führenden Schachmeister, weshalb sie in dieser Hinsicht keinen Widerspruch erhoben.

Auf jeden Fall verursacht dieser Aberglaube, daß ein großer Teil der Spieler von vornherein vor Komplikationen zurückscheut, da diese unübersehbar scheinen. Das bezieht sich hauptsächlich auf jene Schachspieler, die am Anfang ihrer Schachlaufbahn in den taktischen Wendungen meistens den kürzeren gezogen haben. Aus diesem Grund erachten sie es als aussichtslos, sich die nötigen taktischen Kenntnisse verschaffen zu können.

Diese wenig selbstbewußten Schachspieler, die ihr eigenes taktisches Vermögen unterschätzen, wählen somit eine typisch schüchterne Spielweise und gehen dabei meistens auch noch aufs Ganze.

Es ist für diese sehr einseitige Spielweise kennzeichnend, daß ihre Anhänger den komplizierten Lagen zu entgehen trachten. Sie sind des öfteren zu kompromißbereit und dazu im großen und ganzen auch pessimistisch.

Die taktische Versiertheit, das Bewandertsein in den Verwicklungen sind aber selbst bei einem echten Positionsspieler unentbehrlich. Ohne diese vermag er die in der Stellung verborgenen Gefahren nicht zur rechten Zeit zu erkennen und verpaßt so überdies auch Gelegenheiten, die Partie zu gewinnen. Falls er die entscheidende Kombination entweder überhaupt nicht bemerkt oder die damit verbundenen Gefahren nicht richtig einschätzt, kann er die richtige Fortsetzung in einer verschärften Situation leicht verfehlen.

Wer die Taktik nicht im erforderlichen Maß studiert, setzt sich auch der Gefahr aus, daß seine „Schachphantasie" stumpf wird. Im Schach aber können Entdeckungen ohne schwungvolle Phantasie kaum gemacht werden. Haben wir keine Einfälle, so müssen wir uns meistens auf den Zufall oder auf eine passive Beobachtung der gegnerischen Pläne beschränken.

Alles in allem liegt es auf der Hand, daß das bestmögliche Kennenlernen der Schachtechnik und die Entwicklung der eigenen Taktikgabe nach besten Kräften, die Erfolge des betreffenden Spielers entscheidend beeinflussen. Nun zu dem oben erwähnten Irrtum hinsichtlich des „geborenen" Taktikers.

Der Grund des Irrtums ist in sich — paradoxerweise — eine Wahrheit. Das taktische Können als ein Teil des schachlichen Könnens ist in der Tat eine naturgegebene Anlage. Aber nicht nur einige Menschen mit außerordentlichem Talent, sondern die meisten Menschen bringen diese Gabe mit sich, sie muß nur mehr oder weniger stark entwickelt werden.

Die Zusammensetzung der Geistesfähigkeiten kann freilich sowohl in qualitativer als auch in quantitativer Hinsicht mehr oder weniger verschieden sein, aber die üblichen Unterschiede sind nicht von solch großer Bedeutung, wie allgemein angenommen. Das Volumen und die Größe der Hirnschale sind z. B. angeborene Gegebenheiten, doch kann man nicht aufgrund des Hutmaßes auf die geistigen Fähigkeiten des einzelnen schließen. Die eine oder die andere der mitgebrachten Fähigkeiten nimmt infolge der Umwelt, der Lebensführung und der Übung eine gute Entwicklung oder verkümmert aus denselben Gründen. Das Ausmaß der angeborenen Gabe ist also weniger maßgebend, denn eine Fähigkeit kann nur unter entsprechenden Umständen zur Geltung kommen.

Eine Vielzahl von Menschen könnte auf irgendeinem Gebiet eine überdurchschnittliche Leistung erreichen, aber ihre positiven Eigenschaften treten nur in gewissen Fällen zu Tage. Die potentiellen Rivalen von Mozart, Goethe, Einstein und Exweltmeister Robert Fischer leben unbekannt unter uns und leben ihr Leben so, daß sie mit einer der Künste oder mit dem Schachspiel nie in näheren Kontakt treten.

Die Tatsache an sich, daß jemand das Schach liebgewonnen hat, macht es wahrscheinlich, daß ihm das zum Schachspiel erforderliche abstrakte Denken wohl liegt, d. h., daß er eine Begabung für diesen Sport besitzt.

In unsern Untersuchungen dürfen wir das Maß dieser Fähigkeit vernachlässigen, da wir schon oben festgestellt haben, daß die Entwicklungsmöglichkeit der Begabung die Summe mehrerer innerer und äußerer Faktoren darstellt. Im allgemeinen wird versucht, die Fähigkeit auf dem Gebiet einer Sportart möglichst schnell zu entwickeln. Das Schachspiel wird auch deshalb als eine Sportart angesehen, weil die dazu nötigen Fähigkeiten durch Training entwickelt werden können. Möglicherweise spielt im Schach das Training eine größere Rolle für die Entwicklung des Spielers als in jeder anderen Sportart. Der Grund hierfür liegt darin, daß das Schachtraining die Leistung unseres hochwertigsten Organs, des Gehirns vergrößert. Das Gehirn verfügt über umfangreiche nicht ausgenutzte Kapazitäten und hat überdies die Möglichkeit, auch seine

Vervollkommnung koordinieren zu können, d. h. es vermag gleichzeitig zu lernen und andere zu lehren.

In der Schulung seines Gehirns hat jeder zivilisierte Mensch anhand seiner Schulstudien bereits eine mehr oder weniger große Übung erworben. So kann das Schachtraining im allgemeinen ohne große Vorarbeiten begonnen werden. Das Programm des Schachtrainings ist so zusammenzustellen, daß es die strategischen und taktischen Fähigkeiten gleichermaßen entwickelt und das Studium der Eröffnung, des Mittelspiels und des Endspiels in notwendigem Maße umfaßt. Eine schädliche Mode unserer Zeit besteht darin, das Studium der Eröffnungen zu übertreiben. Das Training unter besonderer Berücksichtigung der Taktik erweist sich — im Gegensatz zu dem oben erwähnten Irrglauben — als die geeignetste Lehrmethode.

Die Entwicklung des taktischen Vermögens im Schach hatte man sich schon lange zum Ziel gesetzt und dafür entsprechende Theorien entwickelt. Ein Teil dieser Theorien besteht nur in komplexen Gedankenverbindungen, die mit der Praxis nicht verbunden sind und so als durch nachträgliche Deutungen hergestellte Trugschlüsse betrachtet werden können. Ein anderer Teil dieser Theorien wurde ohne jedes wissenschaftliche Rüstzeug entwickelt und geriet deshalb auf tote Gleise.

Mehrere namhafte Fachleute halten auch heutzutage die taktische Lösung, d. h., die erfolgversprechende Kombination für eine Folge von im Gehirn „plötzlich aufblitzenden Funken", die nur darauf gewartet hätten, irgendwann „aufblitzen" zu können. Der wirkliche Fortschritt auf dem Gebiet der Taktik resultiert aus der Wirksamkeit der Trainingsmethode.

Der Verfasser ist schon seit zwei Jahrzehnten der Überzeugung, daß eine wissenschaftlich begründete Schachtrainingstheorie und das darauf basierende Trainingsprogramm unter Berücksichtigung der modernsten Untersuchungen der Gehirnbiologie, der Psychologie und der Pädagogik sowie der fachlichen Erfahrungen zu entwickeln sind. Ein selbständiger Teil dieses Programms ist natürlich die hier behandelte neue Methode, welche auf das Erlernen der taktischen Kenntnisse und auf die Entfaltung der taktischen Fähigkeiten abzielt.

In früheren Entwicklungsphasen passierte es manchmal auch einigen Großmeistern, daß sie infolge ihrer damaligen mangelhaften taktischen Kenntnisse Heiterkeit erzeugende Niederlagen erlitten, obwohl sie inzwischen als gefährliche Taktiker gelten. In Ermangelung einer wissenschaftlich begründeten Trainingsmethode haben diese Großmeister entweder ein eigenes Selbstbildungssystem ausgearbeitet oder eine der Zeit entsprechende Fortbildungsform angewendet. Es ist kein Geheimnis, daß sie — aufgrund der schwachen Wirksamkeit ihres Verfahrens — einer täglich 8-10 Stunden andauernden Selbstbildung und dazu ziemlich vieler Turniergelegenheiten bedurften, um Erfolge erzielen zu können. Nach Meinung ungarischer Fachleute ermöglichen auch diese veralteten Methoden, daß jeder Mensch mittels des dazu nötigen „Bienenfleißes" und der entsprechenden Ausdauer, ferner um den Preis eines großen Zeitaufwandes das Niveau eines Meisters (heute: FIDE-Meister) erreichen kann.

Etwas günstiger vom Gesichtspunkt des Zeitaufwandes her ist die Lage in den sogenannten Schachschulen, wo die Schüler, die Berufsspieler werden wollen, unter der Führung von Trainern — gleichzeitig mit den üblichen Studien — Schachtheorie pauken, freilich in Verbindung mit ständigen praktischen Übungen.

Manche Schachschule vermochte auffällige Erfolge zu erzielen. Unter ihnen ist die unter der Leitung des berühmten Schachtrainers Wiktor Kart stehende Schachschule in Lwow (früher Lemberg) die hervorragendste. Hier machte auch der Verfasser mehrere Studienbesuche. In der Schule entfalteten Großmeister wie Beljawski, Romanischin, Michaljtschischin zu jener Zeit ihre Talente, was keines weiteren Kommentars bedarf.

Einige Organisatoren drängen auch auf die Gründung von Schachschulen solchen Charakters in Westeuropa, obwohl diesen Bemühungen aus verschiedenen Gründen kaum Erfolg beschieden sein dürfte.

Ein Diplomtrainer von Universitätsniveau, sowohl in sportpsychologischer wie auch sportpädagogischer Hinsicht wissenschaftlich ausgebildet, könnte zwar — wenn auch als „Leihgabe" aus einem osteuropäischen Staat — angestellt werden, aber die lernbegierigen Schacheleven fehlen in ausreichender Anzahl im Westen. Dagegen können die sowjetischen Organisatoren mit dem nötigen Andrang rechnen.

Die Schüler der erwähnten Lwower Schule, sowie die der Botwinnik-Schule und anderer Schulen, werden aus Millionen von begabten Jungen durch Ausscheidungsverfahren ausgewählt.

Erwähnen möchten wir hier, daß z. B. das Schachleben der Schweiz vergleichsweise ausgezeichnet organisiert und ziemlich gut entwickelt ist, aber es gibt dort viel weniger Klubspieler als allein in der sowjetischen Stadt Lwow.

Die Vorteile einer Schachschule bestehen in der Fortbildung der durch Ausscheidungskämpfe entdeckten hervorragenden Talente. Falls dagegen das durchschnittliche Niveau vergleichsweise niedrig ist, treten folgende Nachteile hervor:

Aus der Schachschule können vielleicht einige begabte Berufsspieler hervorgehen, aber die überwiegende Zahl der Schüler wird zu diesem Beruf kaum geeignet sein, d. h., es wird sich für sie nicht lohnen, ihre Kräfte auf das Schachspielen zu verwenden, und sie werden einen normalen Beruf wählen. Der Übertritt zu einer andersartigen Beschäftigung geht aber aufgrund ihrer Ausbildung nicht immer leicht vonstatten. In Westeuropa hat ein Berufsspieler wenig Chancen, mit dem Schachspielen ein ähnliches

Einkommen wie in anderen Berufen zu erzielen, und auch die Möglichkeit der Bereisung selbst der ganzen Welt übt keine besondere Anziehungskraft aus. Auch in Ungarn, wo ausgezeichnete Schachtrainer in großer Anzahl zur Verfügung stehen, wurde der schulartige Schachunterricht gleichfalls noch immer nicht eingeführt.

Den Gegebenheiten des ungarischen, deutschen, englischen und — im allgemeinen — des westeuropäischen Schachlebens, können sich die Einzelbildung und das Einzeltraining, welche auf dem Prinzip der Freiwilligkeit beruhen und sich auf Schachlehrbücher stützen, eher anpassen.

Die bisher vorliegenden Formen der Selbstbildung erfordern aber — wie wir bereits beschrieben haben — einen übermäßigen Zeitaufwand, was auch für Klubspieler ein kaum lösbares Problem bedeutet. Bei der Ausarbeitung der vorliegenden neuen taktischen Trainingsmethode, setzte sich der Verfasser zum Ziel, den nötigen Zeitaufwand möglichst zu verringern, und zwar so, daß der „trainierende" Leser selbst entscheiden kann, wieviel Zeit (eventuell mit längeren oder kürzeren Unterbrechungen) er, seiner Inanspruchnahme und Ambition entsprechend, auf das Studium verwendet und in welchem Maße er Fortschritte macht.

Das schachliche Denken

Die chinesischen Weisen verkündeten schon im Jahrtausend vor Christi Geburt, daß man denkend und bewußt lernen soll, bzw., daß der Lernende nicht nur den ihm bevorstehenden kompletten Unterrichtsplan, sondern auch die mit dem Themenkreis verbundenen Fragen kennenzulernen hat, welche bei der Ausarbeitung der in Frage kommenden Selbstbildungsmethode eine Rolle gespielt haben. Befolgen wir diesen guten Rat und unterwerfen das Denken eines Schachspielers einer kurzen Prüfung bevor wir anhand des Studienmaterials mit der Selbstbildung anfangen.

Es ist merkwürdig, daß die große Masse der Schachspieler nur sehr oberflächliche und oft irrtümliche Vorstellungen von diesem Thema besitzt.

Die bewußte, logische Denkart

Der Schachspieler beginnt zuerst durch logisches Denken die gegebene Stellung zu untersuchen. Er versucht in diesem Anfangsstadium der Untersuchung aufgrund der bis dahin gesammelten Erfahrungen die durch den Zug des Gegners verursachten strategischen und taktischen Änderungen aufzudecken und die richtige Fortsetzung seinerseits zu bestimmen.

Die Berechnung der Unmenge der einzelnen Varianten von Schritt zu Schritt wäre hinsichtlich der unendlichen Tiefe des Schachs von vornherein ein vollkommen absurder Versuch. Deshalb ist nur ein verhältnismäßig geringer Teil der möglichen Varianten zu prüfen. Diesen Teil aus der Variantenmenge zu selektieren ist aber eine ungeheuer komplizierte Aufgabe, da wir nur jene aktuellen Erwiderungsmöglichkeiten in Betracht zu ziehen haben, welche dieser Berechnung wert sind.

Im Laufe der Lösung dieser Aufgabe abstrahiert unser Gehirn vorerst die konkrete Lage der gespielten Partie und sucht so nach den die Stellung kennzeichnenden, wichtigsten Eigenschaften. Die Entdeckung und die Qualifizierung dieser Eigenschaften erfolgt mittels der Schacherfahrungen des betreffenden Spielers, welche er mit Hilfe von allgemeinen Schachprinzipien, schachliterarischer Belesenheit und der eigenen Turnierroutine gemacht hat.

Nachdem es uns gelungen ist, die Stellung nach ihren Eigenschaften zu bestimmen, gehen wir zu einem anderen Gedankengang über. Wir trachten danach, in unserem Gedächtnis nach Stellungen ähnlichen Typs zu suchen, welche entweder in unserer eigenen Praxis oder in der Literatur bereits vorgekommen sind. Je mehr solche Stellungen wir reproduzieren können, desto leichter wird es möglich, die wichtigsten strategischen und taktischen Elemente jener Stellungen zu vergleichen und in die Tiefen der in Frage stehenden Stellung einzudringen. Nachdem wir Ähnlichkeiten genügend ausgebeutet haben,

erfolgt die zweite Etappe des Verfahrens, die wiederholte Prüfung der aus dem Gedächtnis ausgegrabenen Stellungen, aber nun schon in entgegengesetzter Richtung: Da die ähnlichen Stellungen nie völlig gleichförmig sind, müssen wir durch logisches Denken die Unterschiede zwischen den ähnlichen Stellungen und der konkreten Stellung aufdecken und die Bedeutung dieser Unterschiede sowohl aus strategischem wie auch aus taktischem Blickpunkt werten.

Diese Abstraktion und der darauffolgende Vergleich lassen unsere Gedanken von der konkreten Stellung ein wenig abschweifen. Deswegen ist die in diesen beiden Denkphasen erarbeitete Stellungsbeurteilung nur als „halbfertig" zu betrachten. Danach müssen wir sie noch einer strengen logischen Überprüfung unterziehen und solange daran feilen, bis sie den Anforderungen der tatsächlichen Situation völlig gerecht wird.

Das unbewußte Denken

Die Prozesse des bewußten Denkens, die wir im vorhergehenden Kapitel aufgeführt haben, nämlich die gesteigerte Funktion des Gedächtniszentrums und die Konzentration der Beobachtung, entfachen stufenweise das Einsetzen der Phantasie in den Denkvorgang. Die Phantasie im Schach ist die Fähigkeit, daß ein Schachspieler selbst in den schärfsten Stellungen, in kaum übersehbaren Komplikationen, geistreiche Einfälle aufzufinden, taktische Lösungen zu erkennen vermag, welche selbst bei langandauernden, gründlichen häuslichen Analysen äußerst schwer zutage gefördert werden können.

Je mehr das schachliche Denken eines Individuums, das auf seiner Praxis und seinem Training beruht, entwickelt ist, desto mehr verhilft es ihm zur richtigen Lösung der Probleme. In diesem Fall läßt sich über das sogenannte „Aufblitzen" einer Idee reden, aber diese Benennungen verraten eine irrtümliche Auffassung. Die Fachleute wissen heute, daß diese Erscheinungen die Produkte des sogenannten unterbewußten Denkens sind.

Das Denken eines Schachspielers hat die beste Wirkung dann, wenn das bewußte und das unbewußte Denken einander ergänzend eine Einheit bilden.

Das menschliche Gehirn speichert im Laufe des Lebens die durch die Sinnesorgane vermittelten Daten, Beobachtungen, Informationen und natürlich auch die in Schachturnieren gesammelten Erfahrungen, bzw. aus der Schachliteratur erworbenen Kenntnisse.

Wir wissen jedoch, daß wir nur einen Teil dieses unermeßlichen Informationsmaterials, das in unserem Gedächtnis gespeichert ist, durch bewußtes Denken produzieren können. Dabei verschwindet aber auch der übriggebliebene Teil nicht endgültig!

Die überwiegende Zahl der Informationen bleibt zwar im Dunkeln, aber von dieser unermeßlich großen Reserve kann das unterbewußte Denken schöpfen: In besonderen Situationen, wie z. B. in den Krisen gewisser Partien, läßt es auch die schon lange für vergessen gehaltenen Informationen plötzlich an die Oberfläche kommen.

Noch geheimnisvoller, und darum einen der interessantesten Gegenstände wissenschaftlicher Untersuchungen bildend, ist jene Form der unbewußten Gehirnfunktion, welche die im Unterbewußtsein ruhenden Informationen systematisiert und gruppiert, ferner die nötigen Schlußfolgerungen mit überraschender Schnelligkeit ziehen läßt und sie zur Verfügung stellt.

Es handelt sich eigentlich darum, daß das Denken, wie beispielsweise das Atmen, ein vom Bewußtsein unabhängiger Vorgang wird. Das Bewußtsein kann den Automatismus beider Vorgänge zum jeweiligen Zeitpunkt aufheben, das heißt, das Bewußtsein kann diese Vorgänge dirigieren. Im Schach ist diese Doppelmöglichkeit von großer Wichtigkeit, da das Ergebnis automatischen Denkens ohne jede Kontrolle des logischen Denkens nicht risikolos angewendet werden kann.

Die unbewußte Gehirntätigkeit und die Schachpraxis

Die unbewußte Gehirntätigkeit, bzw. das automatische Denken, steht im Mittelpunkt der wissenschaftlichen Prüfungen, welche aber den Schleier nicht zu heben vermochten. Es ist jedoch als sicher anzusehen, daß man auf diesem Gebiet in absehbarer Zukunft große Fortschritte erwarten kann.

Die Kapazität des Gehirns wird heutzutage nur in geringem Maße ausgenutzt, obwohl einer rascheren Entwicklung kein biologisches Hindernis im Wege stünde. Das Schach ist äußerst geeignet dazu, unter der Kontrolle des logischen Denkens und mittels Einzeltrainings die vielfältigen Möglichkeiten die sich aus der unbewußten Gehirntätigkeit und dem automatischen Denken ergeben, ausbeuten zu können. So kann man das Erlernen des verwickeltsten Bereich des Schachspiels, der Taktik, wohl erleichtern.

Prüfen wir nun einige solche typische Fälle, in denen die taktischen Probleme nur mit automatischem Denken zu lösen waren. Der Verfasser war Augenzeuge eines interessanten Ereignisses anläßlich der Schacholympiade in Leipzig 1960. Eines Morgens zeigte eine aus Meistern bestehende Gruppe dem jungen Bobby Fischer eine ungeheuer komplizierte Hängestellung, die sie die ganze vorhergehende Nacht analysiert hatten. Fischer beobachtete stehend die kritische Stellung nur 5-10 Sekunden lang, sprach kopfschüttelnd davon, daß der kollektiv analysierte und vorgeschlagene Zug der konkreten taktischen Lage nicht angemessen sei. Danach ging er vom Tisch der Analytiker fort. Die kollektive Analyse wurde fortgesetzt, aber man kam nicht zu einem besseren Zug. Der zurückkehrende Fischer griff über den Kopf der analysierenden Meister hinweg und zeigte die gesuchte richtige Fortsetzung. „Das ist der Zug!" — sagte er und spazierte wieder weiter. Es dauerte aber auch danach noch lange, bis die Analytiker die Einzelheiten ausgearbeitet hatten.

Später, als sich dann herausgestellt hatte, daß Fischer das größte Genie der Schachgeschichte ist, bereiteten richtiggehende „Schachforschungsinstitute" die gegen ihn einsetzbaren Überraschungen vor. So meinten manche, ihm den Weg zum Thron der Schachweltmeisterschaft verstellen zu können.

Das systematische taktische Training von zwei Jahrzehnten gab Fischer das seiner Fähigkeit gebührende Selbstvertrauen und die notwendige Ausdauer. Man vermochte ihn mit vorbereiteten Varianten manchmal zu überraschen, aber nie in Panik zu versetzen. Natürlich ist Fischer ein unvergleichbares Schachgenie. Darum muß man mit Erklärungen vorsichtig verfahren, um nicht auf Glatteis zu geraten. Aus der eben erzählten frühen Leipziger Episode sind auch sonst leicht irrtümliche Folgerungen zu ziehen. Die unbedarften Zuschauer konnten nämlich erfahren, daß der 17jährige in einer Sekunde verwickelte taktische Varianten genauer berechnet hatte, als fünf starke Meister die ganze Nacht hindurch. Die Wahrheit bleibt jedoch im Hintergrund: Zu dieser Zeit (1960) verbrachte Fischer schon mehr Stunden mit Schachtraining als die analysierenden Meister zusammen.

Außerdem befanden sich diese fünf Meister gegenüber Fischer in anderer Hinsicht im Nachteil: wegen der großen Anzahl des Kollektivs. In solchem Fall sehen mehr Augen nicht mehr, sondern weniger als zwei! Die Hemmungen der Analytiker untereinander verhindern, daß sie sich — wie alleinstehende Individuen — mit der üblichen Intensität auf das automatische Denken stützen und ihnen dadurch aus dem unbewußten Bereich Ideen kommen.

Die Gesetzmäßigkeit des wiedergegebenen Ereignisses kam auch in einer Situation anläßlich des Mannschaftskampfes Budapest — Russische Sowjetrepublik (Budapest 1969) zur Geltung.

Auf dem Brett der Frauen wurde eine Partie von Zsuzsa Veröci abgebrochen, und zwar in einer zweischneidigen Stellung. Im Analytikersaal nahmen Meister von ausgezeichneter Kapazität Platz, um die Hängestellung mit großem Eifer — notfalls sogar bis zum Morgen zu analysieren.

Auch der Verfasser war als delegierter Sekundant der ungarischen Mannschaft anwesend. Nach der nötigen kurzen Erwägung der Stellung stellte er fest, daß die in der Stellung befindlichen Kräfte in dynamischem Gleichgewicht sind. Es war nötig, vorerst Einfälle zu finden, verborgene Motive aufzudecken, wozu die dortige große Versammlung ungeeignet war. Es gab einen Wortstreit, dann blieb die Gesellschaft zusammen, aber der Verfasser setzte seine Untersuchungen alleine fort.

Vor allem machte er am Donauufer einen Spaziergang, um sich die „Fachdebatten" aus dem Kopf zu bringen. Nach einer Stunde, die er am Schachbrett verbracht hatte, begab er sich zur Ruhe. Aus dem Schlaf ausgeruht erwachend, kam er sofort auf die Variante die zu folgen hatte. Nachdem er den Analytikersaal betreten hatte, fand er dort die ganze, von der durchwachten Nacht erschöpfte Analytikergruppe samt Zsuzsa Veröci in sehr schlechter Laune. Veröci beklagte sich, daß sie in der Frühe eine unabwendbare Drohung gefunden hätten und der Partieverlust deshalb unvermeidlich sei. Der Verfasser sprach ihr in der Weise Mut zu, daß er sie aufforderte, einige Stunden zu ruhen und sich abzulenken, und nach Wiederherstellung ihres Selbstvertrauens zurückzukehren.

Zsuzsa Veröci erfuhr vom Verfasser, daß es eine ausgleichende Variante gebe, ja sogar eine fragliche Falle für den Gegner zur Verfügung stehe. Ihr Gegner ging in genau diese Falle, und Zsuzsa Veröci konnte ihre Partie gewinnen.

Die „kollektive Hastigkeit", bzw. das Analysieren ohne Vertiefung, wird im ungarischen Schachjargon mit dem Spottnamen „Gelenksübung" benannt. Diesen Fehler können auch Spieler von hohem Niveau gelegentlich begehen. So ist es den drei Sekundanten von Großmeister Portisch anläßlich des Wettkampfes der Kandidaten in Meran 1981 ergangen. Sie, nämlich Ribli, Forintos und Csom, fanden in der entscheidenden Hängepartie des Matches die Rettungsmöglichkeit von Hübner nicht. Deswegen vermochte der geniale deutsche Großmeister Hübner durch eine tief verborgene, unerwartete Kombination das Unentschieden zu erzwingen, was zugleich seinen Matchsieg bedeutete.

Aus diesem Fall hat Portisch die vielleicht etwas übertriebene Lehre gezogen, daß er auf das kollektive Analysieren seiner Hängepartien — selbst bei Mannschaftskämpfen — endgültig verzichtet.

Wir dürfen aber die Vorteile des kollektiven Analysierens oder Lernens nicht unterschätzen, und zwar da, wo der unbewußte Bereich der einzelnen Personen gut zum Tragen kommt. Sehen wir uns also auch einige solcher Fälle an:

Lajos Portisch und der Verfasser analysierten vor einiger Zeit in Holland eine Hängepartie. Die Stellung enthielt sehr viele taktische Möglichkeiten. Die zur Verfügung stehende Zeit war zu gering, um variantenmäßig eingehend analysieren zu können. So gelangten die Analytiker zu dem Entschluß, sich auf ihr unbewußtes Empfinden zu stützen. Die Analytiker machten zu Lasten der auch sonst geringfügigen Zeit einen mit wortloser Meditation verbundenen Spaziergang am Meeresufer. Sie dachten an die erwähnte Hängestellung, aber ohne jede variantenmäßige Berechnung.

Nach der Rückkehr stellte sich heraus, daß sie beide ganz verschiedene Fortsetzungen als angemessen sahen, bzw. eher „fühlten". Von den zwei verschiedenen Ideen aber, welche aus dem unbewußten Bereich hervorgekommen waren, bewährte sich im Laufe der nachträglichen Analysen keine, obwohl sie der Wahrheit nahe

kamen. Portisch erwies sich als beharrlicher:

„Die Wahrheit dürfte in der Mitte zwischen den beiden Varianten stehen. In der Praxis kamen schon viele ähnliche Stellungen vor".

Die mittels der bewußten Denkart vorgenommene kurze Überprüfung ergab, daß die zwei unbewußten Vorschläge zusammenzubringen, d. h. in Einklang zu bringen sind, wonach das Problem einfacher wird und der Erfolg nicht ausbleiben kann.

Die Lehre dieses „Histörchens" liegt darin, daß in verwickelten Stellungen auch mehrere nutzbringende Einfälle zutage treten können. Es ist nicht unbedingt sicher, daß gerade ein bestimmter der zweckdienliche ist. Auch das Analysieren der Hängestellung der Partie Ledermann — Sax (Manchester 1980) war lehrreich. Die Lage von Schwarz schien verdächtig zu sein. Sax und der Verfasser versuchten die möglichen Gewinnversuche des Gegners in Betracht zu ziehen.

In jedem Fall fanden sie auch entsprechende Verteidigungskonzepte, mit einer einzigen Ausnahme: Die übrig bleibende Fortsetzung war praktisch nicht vollkommen zu zu analysieren, aber die Analytiker „fühlten", daß Schwarz hoffentlich auch hier erfolgreichen Widerstand leisten könnte, falls er dem Zugzwang zu entgehen vermag.

„In ähnlichen Stellungen können nur plötzlich auftretende, unbewußte Gedanken zu Hilfe kommen. — Deshalb werde ich mich am Brett stark konzentrieren, damit mir Ideen kommen, welche die Partie retten können", hatte Sax erklärt, bevor er zur Fortsetzung der Hängepartie ging. Und es gelang ihm tatsächlich ein Remis zu erreichen. Nach der Beendigung dieser Partie führte Sax wunderschöne, aufgabenartige Rettungskombinationen vor, welche aus der Tiefe seines Bewußtseins zum Vorschein gekommen waren.

Der soeben erzählte Fall zeigt, daß, wenn wir unserer Phantasie freien Lauf lassen, wir auch nach den Gegner begünstigenden Möglichkeiten suchen müssen. Es ist sehr nützlich, wenn wir die uns drohenden Gefahren früher bemerken, als unser Gegner.

Es ist eine allgemeine Erfahrung, daß gerade die erregendsten Momente der Turniere das unbewußte Denken in Gang setzen. Dies wird durch die folgende Geschichte illustriert.

Vor einiger Zeit analysierten Lajos Portisch und der Verfasser einen verwickelten Mittelspielplan mehrere Tage lang. Bei solchen sich vertiefenden Analysen können die im Unterbewußtsein entstehenden Einfälle zu Hilfe kommen, wenn auch nicht mit derselben Intensität wie in der Atmosphäre der Turniere, wo die Partner unter Leistungsdruck spielen. Auch Großmeister Portisch war das bewußt, deshalb schlug er dem Verfasser vor, die neuen Varianten in Trainingspartien, unter turnierartigen Umständen auszuprobieren.

Beide stützten sich freilich auf die Datenmenge der tagelangen Analyse, jedoch kamen wesentliche Verbesserungen beiderseits auch bei der eingeschränkten Bedenkzeit an die Oberfläche, welche bisher im Laufe des Analysierens noch nicht entdeckt wurden. Schließlich gelang es Portisch, mit einem Bauernopfer eine Blockade zu verwirklichen und in einer gefährlichen Lage Ausgleich zu erzielen. Siehe Diagramm auf Seite 80.

In den obigen Geschichten spielten zwar Großmeister eine Rolle, aber nicht ihre Spielstärke machte sie automatischen Denkens fähig, sondern umgekehrt: Sie haben Großmeisterniveau erreicht, weil sie ihre unbewußte Gehirntätigkeit durch Training soweit entwickelt hatten, daß diese Gehirntätigkeit auf so hohem Niveau zur Geltung kommen kann.

Die angeführten Beispiele sind also nicht vereinzelte Fälle. In der internationalen Schachturnierpraxis sind die Formen der unbewußten Gehirntätigkeit wohlbekannt. Dementsprechend prägt sich die Bedeutung des automatischen Denkens meistens in den verwickelten, schwer zu beurteilenden, in Ermangelung der dazu nötigen Bedenkzeit unberechenbaren, scharfen taktischen Situationen aus, wie wir uns — anhand der angeführten Beispiele — vergewissern konnten.

Der Leser kann gewiß auch in seiner Praxis reichliche Beispiele für die unbewußte Gehirntätigkeit finden. Es passiert ja fast jedem Spieler, daß er auch in der verwickeltsten Stellung auf den ersten Blick „sah", was der richtige Zug war. In den in Klubs ausgetragenen Schnellpartien macht sich die blitzschnelle geistige Reaktion bemerkbar.

Noch bessere Beispiele sind Simultanspiele, in denen der Simultanspieler im „Blitztempo" zu ziehen genötigt ist, während seine Gegner unvergleichlich mehr Bedenkzeit zur Verfügung haben, gerade bei einer größeren Anzahl von Teilnehmern.

Der Verfasser gab im Jahre 1977 in Emmen (Schweiz) eine Simultanvorstellung mit 128 Gegnern, die lediglich 4 Stunden dauerte. So hatte er durchschnittlich nur wenige Sekunden Bedenkzeit für seine Züge.

Der Blindsimultanspieler ist noch mehr auf das automatische Denken angewiesen. Bei Blindsimultanspielen setzen die außerordentlich hohen Anforderungen die unbewußte Gehirntätigkeit zwangsläufig in Gang.

So ist es verständlich, daß der Verfasser selbst am meisten überrascht wurde, als im Laufe seiner Blindsimultanvorstellung auf 52 Brettern das automatische Denken unerwartet und mit großer Intensität zu Hilfe gekommen war:

Während er damals von Filmkameras verfolgt wurde, gelang es ihm, ohne jede Anstrengung und bewußtes Denken durch das Mikrofon durchzusagen, auf welchen Stellen des aus 3328 Feldern bestehenden „Kriegsschauplatzes" welche Steine (und zwar mehr als anderthalb Tausend) stehen.

Die Beeinflussung der unterbewußten Bereiche

Die vorhergehenden Kapitel haben dem Leser zu einem Einblick in die Geheimnisse des Denkens eines Schachspielers verholfen. Es ist leicht einzusehen, daß wir durch die Ausbeutung der Reserven der unbewußten Gehirntätigkeit unsere Spielstärke in sehr großem Maße zu steigern vermögen. Mit Rücksicht darauf mußte der Verfasser die neue Trainingsmethode für die Weiterentwicklung der taktischen Fähigkeiten zusammenstellen.

Das Training im Sport hat im allgemeinen das Bestreben, auf irgendeines unserer Organe eine Wirkung auszuüben. Das Training für die Entwicklung der taktischen Fähigkeiten beabsichtigt, auf die unbewußte Hirnregion günstig einzuwirken.

Der Zweck der taktischen Trainingsmethode liegt darin, aus den unbewußten Regionen mehr brauchbare taktische Ideen hervorzuholen und ferner zu ermöglichen, daß der betreffende Spieler selbst in sehr komplizierten Stellungen — notfalls mit Hilfe des automatischen Denkens — die richtige Lösung innerhalb möglichst geringer Bedenkzeit erkennt.

Von den unbewußten Regionen können wir aber nur in dem Fall eine Hilfe erwarten, wenn wir die nötigen Informationen in irgendeiner Art — bewußt oder unbewußt — bereits früher in unserem Gehirn gespeichert haben.

Je mehr und je genauere Informationen aus dem Themenkreis der Taktik wir zu sammeln und erinnern vermögen, desto wirksamer wird unsere Gehirntätigkeit auf dem Gebiet der Taktik.

Von einem Teil dieser Informationssammlung werden wir Kenntnis nehmen, während deren weitaus größter Teil im unbewußten Bereich als Reserve zur Verfügung stehen wird. Es ist nicht gleichgültig, in welcher Art dieser „Lagervorrat" in unserem Gedächtnis untergebracht wird, da davon abhängt, inwieweit diese Informationen später zugänglich gemacht werden können. Im Bedarfsfall tauchen nämlich jene Informationen leichter und rascher auf, welche wir von vorherein gut vorbereitet gespeichert haben.

Deshalb beginnen wir die taktische Weiterbildung mit einer Systematisierung der Themenkreise der Taktik, damit sie im Laufe des Trainings übersichtlich, dem System entsprechend gespeichert werden.

So können wir erreichen, in unserem Gehirn später ein jeweiliges Thema immer auf demselben Platz „auffinden" zu können, falls wir das betreffende Thema aus der Tiefe unseres Bewußtseins zum Vorschein zu bringen haben. Je logischer und klarer die Verteilung der taktischen Themen ist, desto sicherer haften ihnen die zu konservierenden taktischen Erinnerungen an, und desto einfacher wird es, sie abzurufen.

Die taktischen Themen können natürlich auf verschiedene Weise systematisiert werden, aber die im hier vorliegenden Buch angewandte Verteilung hat sich während der praktischen Erprobung bereits hinreichend bewährt.

Die neue taktische Weiterbildung fängt mit der Bekanntmachung der in den praktischen Partien vorkommenden Krisen an, dann kommt sie auf die Betrachtung der taktischen Elemente und deren Einübung.

Viele sind der Meinung, daß sie alle Arten der Krise und sämtliche taktischen Elemente schon kennengelernt hätten. Für den Erfolg des taktischen Trainings ist es aber unerläßlich, daß es auf festen Regeln beruht. Darum ist es selbst für den erfahrenen Turnierspieler wichtig, das Wesen der verschiedenen Krisen und der taktischen Situationen nicht nur zu erahnen, sondern auch zu wissen. Denn Fühlen und Wissen sind ja nicht das gleiche. Es ist besser, wenn der Lernende im Laufe der Selbstbildung ihm schon bekanntes Material abermals durchstudiert. Er kann auch daraus Nutzen ziehen, weil sein Wissen dadurch umfangreicher und gefestigter wird. Einige Teile des Materials zu überspringen kann riskant sein, denn es macht unsere Kenntnisse lückenhaft, was sich später in der Praxis rächen kann.

Die Schwierigkeitsstufen der neuen Selbstunterrichtsmethode

Die für die Selbstbildung gedachten Lehrstoffe sind oft so aufgebaut, daß sie sich den schwächeren Spielern auf eine Art verständlich machen, die den bereits fortgeschrittenen Spieler langweilt.

Umgekehrt ist es aber gleichfalls schädlich, denn der Anfänger könnte sich überfordert fühlen. Die neue Selbstunterrichtsmethode vermeidet eben diese Extreme, und zwar durch die Verteilung des Stoffes in mehrere Teile, mit Rücksicht auf die geistige Belastung der Lernenden.

Der Leser selbst kann wählen, bei welcher der oben erwähnten Stufen er mit der Selbstbildung beginnt. Der junge Schachspieler sollte sich aber davor hüten, wegen seiner anderweitigen, großen Inanspruchnahme einzelne Stufen zu überspringen und zu schnell emporzustreben. Das ruhige, besonnene Vorwärtsgehen ist der Hastigkeit jedenfalls vorzuziehen. Dafür haben auch die Anfänger gewiß ausreichend Zeit.

Die sich mit dem Selbstunterricht befassenden Schachspieler haben das regelmäßige Training durchschnittlich 5-7 Jahre lang fortzusetzen, um die einem FIDE-Meister entsprechenden Kenntnisse und Fähigkeiten erreichen zu können. Die Fortschritte werden sowohl vom Fleiß als auch von der Ausdauer des Studierenden beeinflußt.

Eine zweckdienliche Hilfe für das taktische Training besteht in einem sogenannten „Ring-Heft", das austauschbare, ersetzbare Blätter enthält, ferner in einer Ausrüstung, die die häusliche Verfertigung von Diagrammen (Stempeln auf Papier) ermöglicht.

Bei der Anschaffung bzw. Handhabung der erwähnten Ausrüstung können Schachklubmitglieder — falls nötig — dem Leser behilflich sein. Die Anschaffung dieser Hilfsmittel ist sehr leicht, und die Handhabung ist außerdem einfach.

Erste Stufe

Der Leser soll sich im Laufe des Studierens des die Krisen behandelnden Teiles daran erinnern, ob solche Situationen in seiner eigenen Praxis schon vorgekommen sind und — im bejahenden Fall — welche Reaktionen sie bei ihm ausgelöst haben. Wenn er dann später in Turnieren in solche Krisen gerät, soll er nachträglich immer mit Selbstkritik erwägen, wie diese Krisen verlaufen sind. Mit Rücksicht darauf soll er entscheiden, welche Haltung er bei wiederholtem Zustandekommen solcher kritischen Lage anstreben will.

Der Leser soll in Anbetracht der in den Turnieren gesehenen oder aus der Literatur kennengelernten Partien versuchen, Folgerungen über den Beginn und freilich auch über die Art der in den fraglichen Partien abgelaufenen Krisen zu ziehen. Er soll obendrein auch den Ausgang der Krisen überprüfen.

Es ist nicht zu empfehlen, den Teil unseres Buches, der die taktischen Elemente behandelt, ohne gründliche Untersuchung zu überfliegen. Der Leser hat diesen Teil auf solche Weise zu studieren, daß er vorerst die Diagrammstellungen ohne die zu ihnen gehörende Lösung (bzw. Text) betrachtet. Es lohnt die Mühe, die Diagrammstellung auch auf dem Schachbrett aufzustellen. Dann bestimmen wir die von uns als wesentlich erachteten Eigenarten der fraglichen Stellung. Wir versuchen aufzudecken, ob eine ähnliche Position auch in unserer Praxis bereits vorgekommen ist. Danach kommt das Nachspielen der im Buch beschriebenen Fortsetzung und ihre Abschätzung. Nachdem wir diese Fortsetzung bis ans Ende verfolgt haben, betrachten wir einige Sekunden lang wiederum die Schlußstellung auf dem

Schachbrett. Sodann entfernen wir die Steine vom Brett und sehen uns nochmals die Diagrammstellung, d. h. die Ausgangsstellung an. Nach einigen Sekunden wenden wir die Augen davon ab und versuchen, uns die Stellung vorzustellen, welches die Lösung war, welches interessante Motiv in Verbindung mit der Stellung unsere Aufmerksamkeit erregte. Zwischen der Untersuchung der einzelnen Diagrammstellungen die sich in diesem Buch befinden, ist es empfehlenswert, mindestens eine Minute Pause einzulegen. Wenn wir Beispiele prüfen, welche sich auf dieselben taktischen Situationen beziehen, überlegen wir, worin die Ähnlichkeiten und die Unterschiede der vorhergehenden und der gegenwärtigen Diagrammstellung liegen.

Dieses Verfahren ist deswegen notwendig, weil es das Speichern der der geprüften Stellung zugehörigen Information in unserem Bewußtsein erleichtert, bzw. ermöglicht, die fragliche Stellung in unserem Gedächtnis zu behalten.

In der ersten Stufe ist das schriftliche Festhalten noch nicht dringend notwendig. Falls aber der Lernende meint, daß ihm Notizen helfen könnten, soll er dieser „Versuchung" eher nachgeben.

Zweite Stufe

Der Zweck der zweiten Stufe besteht in der tieferen Einprägung des Lehrmaterials im Gedächtnis. Nach dem Durchstudieren des Buches sollten wir es von Zeit zu Zeit wieder in die Hand nehmen und zum Vergnügen eine uns gefallende und keineswegs zu komplizierte Diagrammstellung heraussuchen. Denken wir darüber ein wenig nach, ohne das Schachbrett zur Hand zu nehmen. Dieses zeitweilige Nachsehen kann z. B. abends vor dem Einschlafen im Bett geschehen. Es gibt viele Schachspieler, die diese Gelegenheit zum Lernen gerne ergreifen. Nach ungefähr einem halben oder ganzen Jahr ist es nötig, das Buch wieder durchzulesen, und zwar auf die in der „ersten Stufe" angegebene Art und Weise. An die Mehrzahl der Lösungen werden wir uns sicher sofort erinnern. Während der Verrichtung der in der „zweiten Stufe" enthaltenen Aufgaben versuchen wir, die in unseren Turnierpartien entstandenen scharfen Situationen in taktische Elemente entsprechend der Systematisierung dieses Buches aufzuteilen.

Auch in der „zweiten Stufe" ist es noch nicht „obligatorisch" Notizen zu machen, aber wer Gefallen daran findet, der soll aus seiner eigenen Turnierpraxis oder der Literatur interessante Stellungen von taktischem Charakter abschreiben.

Dritte Stufe

Die dritte Stufe erfordert die selbständige Sammlung des taktischen Materials und das dazu gehörende schriftliche Festhalten.

Beim Nachspielen und Analysieren der in unseren Turnieren gespielten und der aus verschiedenen anderen Quellen (Schachzeitschriften, Turnierbulletins, sonstiger Schachliteratur) zugänglichen Partien stellen wir die vom taktischen Gesichtspunkt her entscheidenden Momente fest und bringen diese mittels unserer Ausrüstung zur Verfertigung von Diagrammen zu Papier, um sie später in unser Ringheft aufnehmen zu können. Danach prüfen wir die Stellung auf die Art und Weise, wie sie im Kapitel über das bewußte Denken beschrieben wurde. Vor allem versuchen wir, die fragliche Stellung von der betreffenden Partie zu abstrahieren, danach suchen wir nach den typischen Kennzeichen der Stellung. Sodann überlegen wir, in welche Gruppe die Stellung einzureihen ist, falls wir die taktische Systematisierung unseres Buches als Basis zugrundelegen.

Die folgende Aufgabe besteht darin, im Ringheft unter das betreffende Diagramm den Typ der taktischen Situation, die Namen der beiden Spieler, Ort und Datum, ferner die mit der Partie verbundenen eventuell wesentlichen Umstände und schließlich das Resultat der Partie (1:0, ½:½, 0:1) einzutragen.

Die Diagrammstellung müssen wir auf dem Schachbrett rekonstruieren und dann analysieren. Vorerst ist es ausreichend, die Partie ohne besondere Konzentration nachzuspielen. Danach schreiben wir ins Heft unter die Diagrammstellung die Textzüge, und zwar in der ausgeschriebenen Notation. Zweckdienlich ist es auch, die Analysen mit einer anderen, von der Farbe der Textfortsetzung abstechenden Farbe abzuschreiben.

Anschließend sehen wir uns die Ausgangsstellung (Diagrammstellung) an und denken darüber nach, welche ähnlichen Stellungen wir kennen

und worin die Ähnlichkeit und die Unterschiede dieser Stellungen bestehen. Die diesbezüglichen Bemerkungen sind ebenfalls in Notizen festzulegen, z. B. siehe die Partie X.Y. — N.N., usw.

Setzen wir nun die Analyse am Brett fort und versuchen, die möglichen Abweichungen ausfindig zu machen. Das Ergebnis dieser Analyse, besonders im Falle von äußerst scharfen Stellungen, sollten wir schriftlich niederlegen. Am praktischsten verfahren wir so, daß die Partiefortsetzung mit der Bezeichnung A), die Hauptabzweigungen mit B), C) usw., versehen werden, welche ebenfalls in Kolumnen mit ausführlicher Notation zu schreiben sind. Die Abzweigungen von geringerer Bedeutung (Nebenvarianten) werden in der abgekürzten Notation fixiert, wie es auch im vorliegenden Buch geschah. Die schriftliche Fixierung ist vom Blickwinkel des taktischen Trainings her sehr wichtig, weil sich die von uns gesammelten Informationen in dieser Form am leichtesten einprägen. Diese Handlung selbst löst einen bedingten Reflex aus: „Das ist wichtig, das muß ich wissen." Durch dieses Motto bemüht sich unser Gehirn, die abgeschriebenen wichtigen Informationen zu speichern. Da die Schule uns in unserem Kindesalter bereits an das Schriftliche gewöhnt hat, werden die gemachten Notizen auch später im Falle des Abschreibens des taktischen Trainings die Speicherung im Gedächtnis erleichtern. Die aufgespeicherten Daten werden so zugänglicher.

Der oberflächliche Betrachter könnte die Aufzeichnungen vielleicht als eine überflüssige Zeitverschwendung ansehen, dennoch ist es umgekehrt: durch die Notizen sind wir imstande viel Zeit zu sparen, indem wir auf diese Weise die Erreichung der Ziele des taktischen Trainings wesentlich beschleunigen und sichern.

Die größten Schachspieler der Welt machen ausführliche Notizen. Sehen wir uns z. B. die Fotokopien der Partieformulare von Weltmeister Karpow an, können wir feststellen, daß er die ausführliche Notation anwendet.

Vermehren sich unsere Notizen sehr stark, müssen wir sie systematisch ordnen. Dieses Ordnen kann zweckmäßigerweise mit wiederholtem Durchstudieren verbunden werden.

Scheuen wir nicht die Mühe, uns um unsere Notizen zu kümmern und uns damit abzugeben. Diese manuellen Tätigkeiten wirken auf das Erinnern ebenfalls fördernd.

Vierte Stufe

In der vierten Stufe sollten wir danach trachten, mittels unserer im Ringheft angesammelten Notizen ein komplettes Magazin der taktischen Beispiele zusammenzustellen. Deswegen ist es ratsam, aus den zugänglichen Partien der in den neueren Jahren ausgetragenen Turniere, so viel taktische Beispiele wie möglich einzubringen, dazu auch Diagramme zu verfertigen, und zwar auf die schon oben beschriebene Weise. Diesen schließen wir jene taktischen Stellungen an, welche im hier vorliegenden Buch ihren Platz gefunden haben. Überdies können wir auch einige Beispiele von Endspielstudien zu unserer Sammlung hinzunehmen, die je ein taktisches Element mit künstlerischen Mitteln demonstrativ darstellen.

In der vierten Stufe ist anzunehmen, daß der Lernende bereits ein solch hohes Niveau erreicht hat, daß er nicht nur die Taktik, sondern auch die anderen Bereiche des Schachspiels, verbunden mit schriftlichen Notizen, studiert. Es ist praktisch, das zur Verfügung stehende Material in mehrere Themenkreise wie z. B. Eröffnung, Mittelspiel, Endspiel, Strategie usw. aufzuteilen. Es ist jedoch ratsam, bei zunehmender Fülle des Materials die einzelnen Themen gesondert abzuheften.

Unsere Notizen enthalten wahrscheinlich mehr Beispiele für die taktischen Elemente die des öfteren vorkommen, aber im Laufe der Selektierung ist es nicht nötig, das Verhältnis dementsprechend wesentlich zu ändern.

Bei der Aussonderung sind die weniger anschaulichen Beispiele auszumustern. Für das weitere Training brauchen wir ungefähr 300-400 Beispiele. Nachdem wir diese in unser Ringheft aufgenommen haben, wird der Takt der weiteren Sammlung langsamer, aber es ist zu empfehlen, unsere Kollektion jährlich mit etwa 50-100 neueren Beispielen zu ergänzen, falls wir auf unserer Schachlaufbahn immer höher steigen.

Das weitere Training besteht darin, unsere Sammlung regelmäßig zur Hand zu nehmen und einige Beispiele erneut ins Auge zu fassen, während wir die taktische Lösung ohne Ansicht des Schachbrettes aus unserem Gedächtnis auszugraben versuchen.

Die Sammlung sollten wir auch zu unseren Turnieren mitbringen. Vor den einzelnen Runden ist eine Durchsicht von einigen Minuten ausreichend, unser Gehirn auf schachliches Denken umzustellen. Diese Gewohnheit wird später als ein bedingter Reflex das taktische Denken in unserem Gehirn in Gang setzen.

Die Schachspieler kommen nicht gerne auf ihre Trainingsmethoden zu sprechen. Besonders die Meister neigen dazu, ihre taktischen Fähigkeiten als angeborenes Können erscheinen zu lassen. Ihre Fortbildungsmethoden und Notizen pflegen sie im allgemeinen geheim zu halten. So z. B. Großmeister Portisch, der, wenn er während eines Turniers sein Hotelzimmer verläßt, seine sämtlichen Notizen wegschließt und die Stellung auf dem Schachbrett verändert.

Die Krisen

In den kampfreichen Partien ist der entscheidende Zusammenstoß des weißen und des schwarzen Heeres früher oder später unvermeidlich, denn das Bemühen beider Lager besteht ja in der Besiegung des jeweils anderen.

Mittels strategischer Pläne auf lange Sicht bemühen sich die Spieler, den Ort und die Zusammensetzung der am Kampf teilnehmenden Streitkräfte frühzeitig zu bestimmen und im Laufe der Konfrontation dem Gegner aufzuzwingen. Der Erfolg des Kampfplanes hängt freilich auch von der Wirksamkeit der Gegenaktionen des Partners ab. Die Schlacht kann auch überraschend beginnen, falls sie durch einen Fehler des Gegners frühzeitig provoziert wird.

Aus welchem Grund der Zusammenstoß auch erfolgt ist, entstehen unabsehbare, unberechenbare Komplikationen in dieser kritischen Situation. In diesem Fall wird — statt einer strategischen Planung auf lange Sicht — eine peinlich genaue Berechnung notwendig. Die infolge des zwischen den zwei Lagern entbrannten Nahkampfes entstandene kritische Situation, kurz die Krise, löst bei den Partnern eine außerordentliche psychische Spannung aus, weil der Ausgang der gesamten Partie in der Regel von der Gestaltung dieser kritischen Strecke abhängt. Es ist interessant, daß sich die Reihenfolge auch umgekehrt gestalten kann: Auch die Streßwirkungen können kritische Seelenzustände (Krisen) anstiften, welche die Spieler sehr in Anspruch nehmen und zum Fehlgriff verleiten. Die Krise in der Turnierpraxis bedeutet zumeist eine Situation, in der die Waage der Chancen hin und her ausschwingt. Für die richtige Beurteilung der Krise müssen wir uns vor Augen halten, daß eine Krise jeden Schachspieler, selbst einen Weltmeister vor eine schwere Aufgabe stellt. Man muß sich damit abfinden, daß die Krise dem Turnierschach immanent ist.

Folglich dürfen wir unter der Wirkung einer unerwartet auftretenden Krise nicht in Panikstimmung geraten.

Wir haben uns auf die Verschärfung des Kampfes vorzubereiten, wenn der Sieg nicht ohne Krise zu erreichen ist. Die Krisen können auch in einer Folge eintreten, sogar verschiedene Krisen zur gleichen Zeit. Solche Fälle belasten durch Streßwirkungen den Turnierspieler freilich in noch größerem Maße. Daraus folgt, daß solches „Zusammenwirken" gleichfalls in Betracht zu ziehen ist.

Das taktische Training verhilft zu einem besseren Überstehen der Krisen. Je mehr taktische Kenntnisse und taktische Begabtheit der betreffende Spieler besitzt, desto früher fühlt oder ahnt er die heraufziehende Krise und desto leichter vermag er sie auch zu überstehen.

Lernen wir also in diesem Kapitel die verschiedenen Arten der Krise kennen. Dadurch entwickeln wir unsere Fähigkeit, in Turnieren die drohende Krise rechtzeitig erkennen und den zu verfolgenden Weg leichter finden zu können.

Sind wir mit Wissen, Können und Selbstvertrauen ausreichend gerüstet, dann können wir den Prüfungen dieses Partiestadiums mit guten Chancen entgegensehen.

Krise in Verbindung mit psychologischen Faktoren

Das schachliche Denken ist eine sehr komplexe geistige Tätigkeit, wie wir schon in einem früheren Kapitel erörtert haben. Es ist also kein Wunder, daß unser Gehirn infolge der im Laufe der Krise auftretenden unerwarteten Wendungen und in Anbetracht der unabsehbar scheinenden Verwicklungen mit gesteigerter Intensität funktioniert.

Die angestrengte Gehirnfunktion kann freilich die Spieler arg mitnehmen, da solch eine starke und lange Konzentration, welche das Turnierschach — besonders in einer Krise — erfordert, auf anderen Gebieten des menschlichen Lebens selten erforderlich ist. Darum kommt es nicht selten vor, daß ein Schachspieler wegen der am Schachbrett entstehenden Krise auch in psychologischer Hinsicht in eine kritische Lage gerät. Noch typischer ist, daß die Krise nicht infolge der konkreten Probleme der gegebenen Stellung, sondern wegen psychologischer Wirkungen auf den betreffenden Spieler in Verbindung mit der am Brett entstandenen Lage ausgelöst wird.

Die Laienzuschauer und -nachspieler ahnen selten, welche Streßwirkungen das Resultat der Partie beeinflußt haben. Man muß also auch die aus psychologischen Gründen entstandenen Arten der Krise studieren.

Die aus psychologischen Gründen entstehenden Krisen dürfen nun jedoch nicht zu dem Eindruck führen, daß das Schachspiel die Nerven oder die Physis des Spielers schädigen würde. Die Praxis zeigt, daß sich die Schachspieler an die Aufregungen gewöhnen. Deshalb sind sie verhältnismäßig selten von Herzinfarkt oder hohem Blutdruck betroffen.

Das Steckenbleiben des Manövers

Während der Planung ihrer Manöver bemühen sich die Partien, alle taktischen Elemente aufzuspüren, welche den Erfolg der Aktionen beeinflussen könnten. Verläuft das Manöver planmäßig, d. h., der Gegner läßt die Verwirklichung des Manövers zu, wird die Spannung in der Partie gesteigert. Der Zweck des Manövers liegt nämlich darin, einen kleineren oder größeren strategischen, taktischen oder materiellen Vorteil zu erlangen. Es ist offensichtlich, daß durch ein Manöver beide Seiten nicht gleichermaßen auf ihre Rechnung kommen können, da einem der Partner ein Fehler unterlaufen wird.

In solch einer Lage müssen beide Spieler bei jedem Zug ihre Berechnung überprüfen und die Motive der Zugweisen des Gegners zu erkennen versuchen. Das gespannte Warten — besonders im Falle längerer Manöver — nimmt die Parteien sehr stark in Anspruch.

Diese psychologische Krise erreicht ihren Höhepunkt, wenn die vorher verborgenen taktischen Pläne des Gegners zum Vorschein kommen. Die gegnerischen Pläne durchkreuzen einander; dabei stellt sich dann heraus, welche Seite weiter zu rechnen vermochte.

Solch eine kritische Lage stellt unser folgendes Beispiel dar:

Michaljtschischin – Kasparow
Meisterschaft der UdSSR,
Frunse 1981

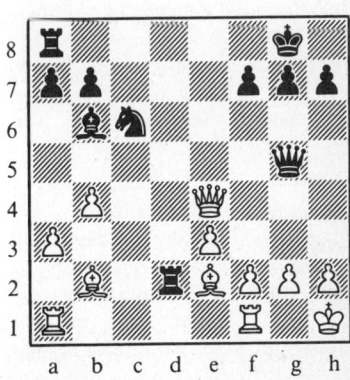

Diagramm Nr. 1

27

Weiß hat den Zweck seines bisherigen Manövers — die Liquidierung des Bauern e4 — erreicht und erzielt dadurch einen Materialvorteil. Den vorigen Zug von Schwarz (Td2) haben beide Seiten freilich wohl vorausgesehen. Michaljtschischin entdeckte nun erschreckt, daß der Doppelangriff des schwarzen Turmes mit dem Zwischenzug 1. Ld3 nicht zu parieren ist, denn nach 1. . . .Dg6! 2.Tad1 De4: 3.Le4: Tb2: gewinnt Schwarz eine Figur.

Auch 1.Ta2 Te2: 2.Lf6 hilft nicht, da 2. . . .Dh5! 3. g4 Dh3 folgt und Schwarz gewinnt.

Das Steckenbleiben eines mit weitläufiger Berechnung ausgearbeiteten Manövers, aber vor allem die Gefahr des Figuren- und Partieverlustes, versetzten Mihaljtschischin in Panik.

In solch einer psychologischen Krise gehen dem Schachspieler die Objektivität und das Selbstvertrauen verloren; so auch in diesem Fall. Schwarz erdachte eine Kombination zur Reduzierung des Materials, wodurch er auf ein unentschiedenes Endspiel hätte vereinfachen können. Michaljtschischin war aber schon nicht mehr imstande, nüchtern zu rechnen. Betrachten wir zunächst den Verlauf der Partie, die verfehlte Kombination:

1.b4-b5?   **Td2xe2!**
2.b5xc6   **Te2xb2!!**
Kasparow erwog die mit dem in die 7. Reihe eingedrungenen Bauern verbundenen Gefahren und sah voraus, daß die Manöver von Weiß an der 8. Reihe scheitern werden, da Michaljtschischin die Schwäche der weißen **Grundreihe** außer acht

gelassen `hatte, obwohl diese einer der entscheidenden taktischen Faktoren der Stellung war.

3.c6xb7   **Ta8-f8**
4.Ta1-c1   **Lb6-a5**
5.Tc1-c8   **Dg5-b5!**
6.Tf1-c1   **Db5xb7!**
7.De4-e8

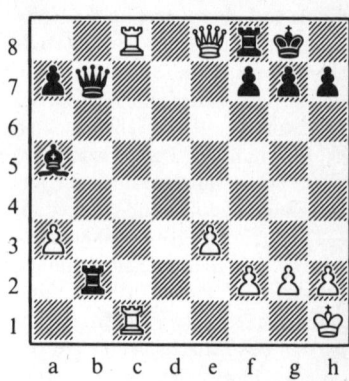

Diagramm Nr. 2

7. . . .   **Db7xc8!!**
Nutzt die Schwäche der gegnerischen Grundreihe aus.

8.De8xc8   **La5-d2!**
Wegen der Schwäche der Grundreihe ist Weiß verloren.

9.h2-h3
9.Dc4 Lc1: 10.Dc1: Tfb8, —+.

9. . . .   **h7-h6**
10.Dc8-c4   **Ld2xc1**
11.Dc4xc1   **Tb2xf2**
und Schwarz gewann schließlich das technisch einfache Endspiel. Das Publikum feierte zurecht den Sieger Kasparow. Die Partie wurde überall in der Welt durch die Fachpresse kommentiert.

Der Erfolg kann aber oft den Blick

trüben. Das gilt nicht nur für die Spieler, sondern auch für die nachträglichen Analytiker. Kehren wir nun jedoch zum Diagramm Nr. 1 zurück und fassen die Stellung besonnen ins Auge.

Das weiße Läuferpaar repräsentiert eine große Kraft, die weiße Dame ist günstig plaziert. Bemerken wir, daß die diagonalen Kraftlinien der De4 und des Le2 zusammenwirken, können wir die Lösung leicht finden:

1.Le2-a6!

Das war der weiße Zug, nach dem Kasparow sich einen Weg zur Rettung hätte suchen müssen, denn auf 1. . . .Tb2: käme 2.Lb7: mit Doppelangriff. Eine nüchterne Minute, ein einziger Zug, hätte den Gang der Ereignisse wenden können.

Ungewöhnliche materielle Verteilung

Tauschaktionen verringern nicht unbedingt die Probleme in einer Partie. Es ist also nicht immer begründet, nach dem Motto „Weniger Figuren, weniger Sorgen" um jeden Preis Tausch anzustreben. Es gibt jedoch auch Tauschaktionen, die die Spannung in der Stellung nicht verringern, sondern eher steigern. Durch Abtauschen der Figuren von verschiedenem Wert wird die Orientierung am Brett erschwert. Der wesentliche Faktor besteht darin, daß nach dem Tausch eine hochwertige Figur durch mehrere minderwertigere Steine ausgeglichen wird. Die Übersicht des „Kampfplatzes" ist keine leichte Aufgabe, da die verschiedenen Gangarten der verschiedenen Figuren, die Wirkungen der einzelnen und kooperierenden Steine beiderseits in Betracht gezogen werden müssen.

In der Turnierpraxis hat sich die Erfahrung gezeigt, daß — im Falle eines theoretischen Gleichgewichts, das sowohl in materieller als auch in positioneller Hinsicht besteht — jene Kampfmannschaft im Vorteil ist, die aus mehreren Figuren zusammengestellt ist. Dieser Vorteil kann psychologisch begründet werden.

Viele wissen nicht, daß — im Falle solch ungewöhnlicher materieller Verteilung (z. B. Dame gegen drei Leichtfiguren) — die richtige strategische Linienführung und die maßgebenden taktischen Faktoren viel langsamer und schwerer zu entdecken sind.

Die Turnierspieler können sich dem Gleichgewicht solcher Art viel weniger anpassen, da die routinemäßigen Lösungen, die gewohnten Schablonen hier fehlen. Die Berechnung der Kombinationen macht da ebenfalls mehr Sorgen. Eine spezielle Aufgabe bildet die Wertung der späteren Tausche und der weiteren Abwicklungen, denn diese führen zu weniger bekannten und daher schwerer behandelbaren Endspielen.

Aus dem oben gesagten folgt, daß eine ungewöhnliche Verteilung ungleich mehr Bedenkzeit in Anspruch nimmt. Darum sind viele der Meinung, daß der Fehler in ihnen selbst zu suchen sei. Sie fühlen sich nicht sicher, vermögen nicht unbefangen zu rechnen, und auch ihre Bedenkzeit vergeht schneller, als das gewöhnlich der Fall ist. So wird die aus der ungewöhnlichen materiellen Verteilung stammende psychologische Belastung und die damit verbundene Krise immer unerträglicher, was die Fehlerquote wesentlich steigert.

Sie ist aber vorzuziehen, wenn wir uns bewußt sind, daß die oben angeführten Schwierigkeiten die natürlichen Folgen der fraglichen Stellungen sind und die Aufgabe unseres Gegners in dieser Lage keineswegs leichter als die unsere ist. Mit dieser Auffassung werden wir wahrscheinlich weniger Fehler machen.

Nun untersuchen wir solch eine aus ungewöhnlicher materieller Verteilung herrührende Krise, die in einer Partie zweier WM-Kandidaten entstand.

Byrne – Spasski
Wettkampf im Kandidatenturnier, San Juan 1974

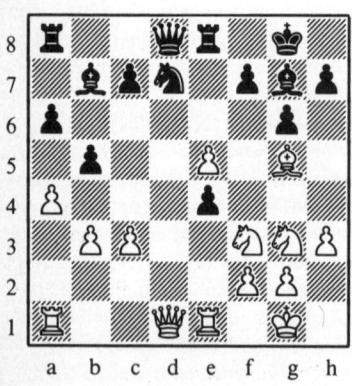

Diagramm Nr. 3

Spasski bemerkte hier, daß 1. . . . Dc8 ihm knappen Ausgleich sichert. Er kannte aber auch die Schwäche seines Gegners, die psychologische Krise verhältnismäßig schwer zu ertragen. Darum gab Spasski seine Dame gegen zwei Läufer hin. So entstand eine ungewöhnliche materielle Verteilung, bei der Schwarz eigentlich eine Leichtfigur weniger hat. (Quasi ein Figurenopfer, da die Dame etwa 3 Leichtfiguren wert ist.)

  1. . . .   **e4xf3!?**
  2.Lg5xd8   **Ta8xd8**

Die Stärke der schwarzen Stellung liegt in den die großen Diagonalen kontrollierenden Läufern, ferner in den auf den offenen Linien gut plazierten Türmen.

Weiß vermag seine Streitkräfte nicht leicht zu mobilisieren, weil seine Stellung viele schwache Punkte hat und auch seine Figuren ungenügend zusammenwirken.

Schwarz besitzt nur zwei Läufer gegen die Dame; demzufolge verfügt Byrne über ausreichendes Material, wovon er gegebenenfalls etwas hätte zurückgeben können.

Die naheliegenden Varianten schlagen aber zum Nachteil von Weiß aus:

a) 3.Ta2 Se5 4.Td2 Td2: 5.Dd2: fg2:, —+.

b) 3.Se4 Se5: 4.Dc2 fg2: 5.Te3 f5! 6.Sd2 f4, —+.

c) 3.Dc2 Se5: 4.Te5: Le5: 5.ab5: Lg3: 6.fg3: Te2, —+.

Unter der Wirkung der mit der ungewöhnlichen materiellen Verteilung verbundenen Krise verfehlte Byrne nicht nur den zum Ausgleich führenden Weg, sondern wurde auch in Panik versetzt. Deshalb beging er entscheidende Fehler:

(s. Diagramm Nr. 4 nächste Seite)

  3.a4xb5??   **Sd7xe5**

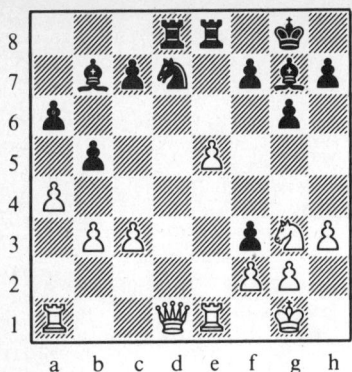

a b c d e f g h

Diagramm Nr. 4

4.b5xa6?	Td8xd1
5.Te1xd1	Lb7-a8
6.g2xf3	Se5xf3†

und Spasski gewann schließlich mit einfachen Mitteln.

Prüfen wir aber nochmals die Diagrammstellung Nr. 4!

Bei der ungewöhnlichen materiellen Verteilung ist es sehr schwer, den richtigen Weg zu finden. Die Lösung war die teilweise Rückgabe des Materials. Byrne hätte besser daran getan, nicht seine Dame, sondern seinen schlecht plazierten Turm als „Sühneopfer" anzubieten. Angezeigt war also 3.Te4! Die möglichen Abspiele:

a) 3. . . .Se5: 4.Td4!

a1) 4. . . .Sc6 5.Td8: Td8: 6.Df3: b4 7.Tc1 bc3: 8.Tc3:, ±.

a2) 4. . . .Td4: 5.cd4: Td8 6.ab5: ab5: 7.Ta7!, ±.

b) 3. . . .Le4:! 4.Se4: Se5: 5.Dc2 mit zweischneidiger Stellung.

Wechsel der Partiephasen

Der Übergang zwischen den verschiedenen Phasen der Partie stellt beide Seiten vor eine schwere Aufgabe. In der neuen Phase muß man andersgeartete Gesetzmäßigkeiten beachten als in der vorigen Phase. Die Anpassung an die veränderten Umstände ist besonders beim Übergang vom Mittelspiel zum Endspiel nicht leicht. Dazu sind die Partner in diesem Stadium schon mehr oder weniger müde und verfügen oft über geringe Bedenkzeit vor der Zeitkontrolle, so daß sie die übrig bleibenden Züge nicht gründlich genug überlegen können. So können sie viel leichter Fehler begehen. Es geschieht des öfteren, daß der von einem Spieler erzielte Vorteil im Laufe des erwähnten Übergangs verschwindet, sich das Blatt in einem falsch gewählten Endspiel überraschend wendet. So erzielen wir eventuell ein viel schlechteres Ergebnis, als wir uns vorgestellt haben.

Es liegt auf der Hand, daß der sich im Vorteil befindende Spieler daran interessiert ist, den Verwicklungen zumindest bis zur Zeitkontrolle zu entgehen. Er sollte erst dann, nach der Zeitkontrolle, den Übergang anstreben. Die sich verteidigende Seite trachtet dagegen danach, im Verlaufe des Übergangs ihren Nachteil loszuwerden oder mindestens zu verringern. Gelingt es ihr nicht anders, versucht sie den Übergang vorzuverlegen und die Aufgabe des Gegners, der sich im Vorteil befindet, durch möglichst verwickelte Kombinationen zu erschweren. Falls die eine

Seite im Vorteil ist, geht der Übergang vom Mittelspiel ins Endspiel meistens im kleineren oder größeren taktischen Geplänkel vor sich.

Der Übergang zwischen den Partiephasen ist für beide Seiten mit starker psychischer Spannung verbunden. Die im Nachteil befindliche Partei sucht oft nach ihrer letzten Chance in diesem Stadium. Die psychologische Lage der anderen Partei ist aber noch schwerer, denn sie hat mehr zu verlieren. Sie fühlt, daß sie für die vorteilhaftere Stellung tüchtig gearbeitet hat, d.h., den Sieg verdient und will deshalb den ganzen Punkt unbedingt „heimführen".

Um den errungenen Vorteil hat freilich jeder Angst. Fühlen wir in einer besseren Stellung, daß der Sieg unsicher ist, so geht uns die Geduld aus, wird unsere innere Spannung größer und infolge der entstehenden Streßwirkungen geraten wir in eine psychologische Krise.

Wir können die negative Wirkung dieser Krise dadurch mildern, daß wir — vor allem — die Rettungsversuche des Gegners als selbstverständlich ansehen. In seiner Lage würden wir ja ebenso verfahren.

Denken wir während der Krise zu sehr über das Endresultat der Partie nach, wird unser bewußtes Denken aus dem Konzept gebracht, werden wir noch ungeduldiger, unsere unterbewußte Gehirntätigkeit wird von der Furcht, daß wir den Gewinn verpassen, gehemmt.

Nun betrachten wir eine Partie, in der die mit dem Wechsel der Partiephase verbundene Krise den im Vorteil befindlichen Großmeister zwar sehr belastete, es ihm jedoch gelang, die entstandenen Schwierigkeiten richtig zu bekämpfen.

Ribli – Adorján
Zweikampf um den Titel des Weltmeisterschaftskandidaten, Budapest 1979

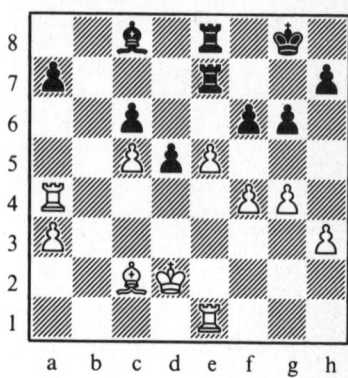

Diagramm Nr. 5

Schwarz ist in eine gedrückte Stellung geraten. Sein Läufer steht passiv und obendrein auf der Farbe der Bauerninsel c6-d5. So können diese Bauern später zum Angriffspunkt werden. Der Nachziehende darf nicht untätig abwarten, bis der weiße König den idealen Stützpunkt d4 besetzt.

Adorján beurteilte richtig, daß er gegen den Ba7 zwar den Be5 erobern kann, aber dieser Tausch wäre wegen der Drohungen in Verbindung mit dem Eindringen des weißen Turmes in die 7. Reihe für Schwarz verhängnisvoll.

1. ...   g6-g5

Schwarz empfand richtig, daß er in den wenigen Zügen, die ihm in der

Zeitkontrolle zur Verfügung standen, seinen Gegner unbedingt aus dem Gleis zu bringen habe, falls er nicht in einer hoffnungslosen Stellung den Abgabezug ins Briefcouvert geben will. Durch die Fortsetzung 1. ...g6-g5 ergriff er die einzige Gelegenheit, mit der Veränderung der Bauernstruktur den Gegner zum „Entgleisen" zu bringen.

Die Veränderung des Bauerngefüges ist nämlich eines der geeignetsten Mittel der Überraschung in der Turnierpraxis. Dadurch werden immer neue Perspektiven im Verhältnis zur früheren Lage eröffnet. So geschah es auch in dieser Partie, als Schwarz die Bauernformation f4-e5 zu Fall zu bringen beabsichtigte.

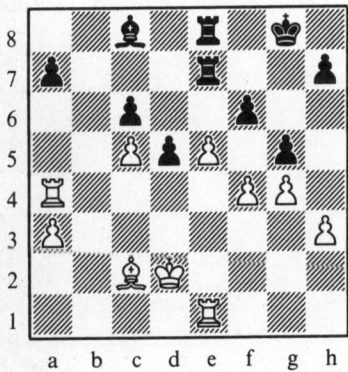

Diagramm Nr. 6

Adorján würde seine auf der e-Linie passiv plazierten Türme gerne aktivieren. Ribli wurde klar, daß er nun die ruhige positionelle Spielweise bis zur Zeitkontrolle nicht aufrechterhalten kann, auch wenn er das gern getan hätte.

Schwarz erzwang also die Vorverlegung des „Überganges". Ribli rea-

gierte richtig, indem er nicht auf passivem Abwarten beharrte, sondern im Vertrauen seines etwas stärkeren Heeres zum Nahkampf überging.

Interessant sind die Notizen, welche die Gedanken von Ribli über seine während der Krise gemachten Züge enthalten. Wir zitieren aus diesen Notizen im Anschluß an die einzelnen Partiezüge.

— Schwarz droht (in der Diagrammstellung 6) einen Bauern zu gewinnen.

— Aber wie drollig stehen die schwarzen Türme! In der Stellung muß etwas stecken!

Nachdem die schwarze Bauernkette in Bewegung kam, kontrollierte Schwarz das Feld f5 nicht mehr. Mit seinem unbewußt hochkommenden Einfall nutzte Ribli diesen Umstand aus.

2.Lc2-f5!

— Ich habe den Zug gefunden, der meinen Gegner vor eine schwere Aufgabe stellen kann.

| 2. ... | Lc8xf5 |
| 3.g4xf5 | f6xe5 |

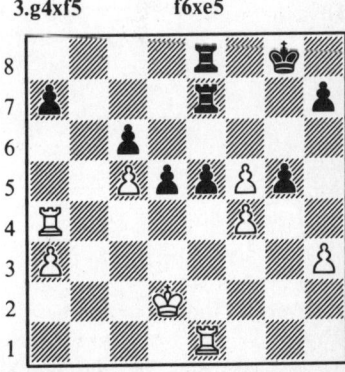

Diagramm Nr. 7

33

Und nun wiederum Zitate aus Riblis Notizen:
— Jetzt kann ich aus der Lage der schwarzen Türme Nutzen ziehen.

4.f5-f6!
Verwirrt die schwarze Verteidigung und stellt den Nachziehenden vor eine schwere Wahl. Der schwarze Turm ist genötigt, entweder die e-Linie oder die 7. Reihe zu verlassen.

4. . . . Te7-e6
5.f4xg5 Te8-a8
— Ich weiß nicht, wieviel Züge wir gemacht haben.
(Beide Seiten brachen die Notation der Partie ab.)
— Der Turm muß auf die offene Linie gebracht werden, wonach er in die 7. Reihe einzudringen droht.

6.Ta4-b4 h7-h6
7.h3-h4 e5-e4
8.Tb4-b7

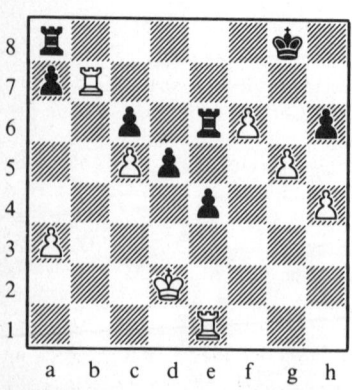

Diagramm Nr. 8

Hier überschritt Adorján die Bedenkzeit. Deswegen rekonstruierte der Schiedsrichter die Partie und stellte dann fest, daß 43 Züge gemacht worden waren.

Adorján verzichtete auf die Fortsetzung der abgebrochenen Partie, weil seine Stellung hoffnungslos war und gegen Tg7† und den darauf folgenden Aufmarsch Te1-b1-b7 kein Kraut gewachsen war.
Schwarz gab auf. 1:0.

Risiko des Opfers

Nun prüfen wir eine Großmeisterpartie, in der das Risiko des Opfers eine Krise hervorruft, die den Ausgang der Partie entscheidend beeinflußt.

Liberzon – Csom
Interzonenturnier, Biel 1976

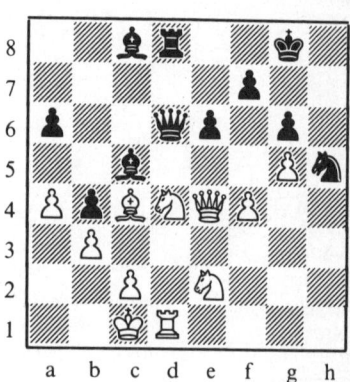

Diagramm Nr. 9

Schwarz hat richtig erkannt, daß der für seine Stellung charakteristische, wichtigste taktische Faktor in der *Fesselung* auf der d-Linie besteht. Er strebte danach, dies durch ein vorübergehendes, weitberechnetes, doppeltes Figurenopfer auszunutzen.
Jedes Material erfordert natürlich

eine gründliche Erwägung und genaue Berechnung, besonders dann, wenn wir dem Gegner zwei Figuren „auf Borg" geben, wie es hier von Csom geplant wurde. Vor solch einem Entschluß muß man sehr viele taktische Gegenschläge in Betracht ziehen. Die weniger wahrscheinlichen Antwortmöglichkeiten sollten wir aber — hinsichtlich der eingeschränkten Bedenkzeit — meistens nur mittels „Abschätzung" werten, was aber unbedingt mit einem Risiko verbunden ist.

Bis zu einem „gesunden Maß" ist das Risiko im Turnierschach unentbehrlich. Wer nie das Risiko übernimmt, riskiert noch mehr, und zwar den Erfolg.

Das Risiko bedeutet freilich, daß wir uns gegen unerwartete Wendungen, gegen sogenannte „Zwischenzüge" (siehe Seite 75), nie völlig absichern können.

Falls unsere Kombination irgendwo „löchrig" ist, wenn unser Gegner solch eine taktische Möglichkeit aufdeckt, die wir außer acht gelassen haben, kann sich das Blatt sofort wenden . . .

Csom unternahm kühn die von ihm wohl durchdachte, mit einem Doppelfigurenopfer verbundene folgende Kombination:

1. . . .   Sh5xf4!!
2.Se2xf4

(s. Diagramm Nr. 10 rechts oben)

Das auf die Übernahme des Risikos folgende Warten erzeugt eine psychologische Spannung. dieser Zustand wird vom Verfasser als die Krise, verbunden mit dem Risiko des Opfers, angesehen. In dieser Lage können Schachspieler leicht die

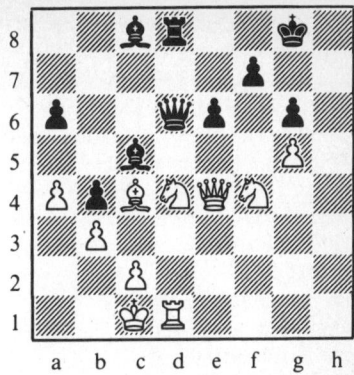

Diagramm Nr. 10

Besonnenheit verlieren, sogar Opfer von Schachhalluzinationen werden, wenn sie gewisse taktische Elemente unterschätzen oder andere überschätzen. Die auftretenden Streßwirkungen können den Blutdruck und auch die Pulszahl verändern. Manchem Spieler schnürt die Angst die Kehle zu, andere werden von Magenkrämpfen geplagt. Der Verfasser war Augenzeuge einer Krise des Großmeisters Ljubojevic, die durch das Risiko eines Opfers hervorgerufen wurde. Der berühmte Taktiker zitterte am ganzen Leibe, seine verkrampften Ellenbogen ließen den Schachtisch wie in einer spiritistischen Sitzung tanzen.

In der Diagrammstellung 10 prüfte Csom seine Berechnungen noch einmal nach und beabsichtigte erst dann den vorher geplanten Zug Lc8-b7 zu machen. Eine Nebenvariante vermochte er aber nicht besonnen zu berechnen, denn er war in einer besonders gefährlichen Lage der psychologischen Krise des „Opfer-Risikos": Ein plötzlich in Sicht

kommender unerwarteter Stolper-
stein versetzte ihn in einen Streß-
zustand. Der Schweiß brach ihm aus
allen Poren. Während der erwähnten
Überprüfung der Kombination über-
schätzte Csom eine mögliche Gegen-
aktion seines Partners, er sah Trug-
bilder. — Deshalb verwarf Csom den
früher von ihm richtig ausgearbeiteten Plan, er wurde von Panik ergrif-
fen, verfehlte die richtige Fortsetzung, und verlor deshalb die Partie.
Die Partiefortsetzung war:
2. ...Ld4:? 3.Kb1 Kg7 4.Se2 e5
5. Sd4: ed4: 6.Th1 Le6 7.Dh4. So er-
reichte Weiß die Oberhand und
schließlich auch den Sieg. Aber wir
setzen jetzt die originale Kombination von Csom fort, um ihre „Trug-
bilder" betrachten zu können.
(Der Ausgangspunkt ist das Diagramm 10).

2. ...   Lc8-b7!!
3.De4xb7

Es gibt keinen anderen Zug, denn
nach 3.Ld5? Ld5:! 4.Sd5: Dd5:
5.Dd5: Td5: kann der Springer —
wegen des Läuferschachs — nicht
aus der Fesselung entkommen.

3. ...   Dd6xf4†
4.Kc1-b1   Lc5xd4
5.Td1-f1

(s. Diagramm Nr. 11 rechts oben)

„Dieser ‚grausame' Turmzug weist
auf die verhängnisvolle Schwäche
der 7. Reihe hin, die meiner Auf-
merksamkeit entging, als ich die
Verwicklungen des vorübergehenden
Opfers Sh5xf4 erwog", beklagte sich
Csom nach der Beendigung der
Partie.
Versuchen wir nun die Stellungs-
beurteilung von Csom zu unter-

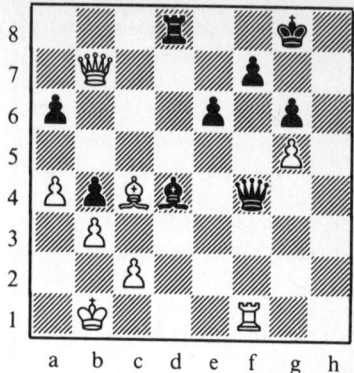

Diagramm Nr. 11

suchen, die er unter Streßwirkung
ausgeführt hat.
Die 7. Reihe ist in der Tat schwach
und darum darf die Dame nicht wegziehen. Aber dieser Umstand ist in
der gegebenen Stellung schon nicht
mehr von Bedeutung. Der entscheidende taktische Faktor ist nämlich die verhängnisvolle Schwäche
der *großen Diagonalen* und der
weißen *Grundreihe*. Nachdem wir
dies entdeckt haben, wird die Lösung leicht:

5. ...   Ld4-c3!!

Jetzt stellt sich heraus, daß das
Erschrecken von Csom ganz unbegründet war, denn die Dame darf
wegen des auf der *Grundreihe* drohenden Matts nicht geschlagen
werden!

6.Kb1-a2

(s. Diagramm Nr. 12 rechte Seite)

6. ...   Df4xf1!!

Wir sehen schon, daß nicht der Turm
der Dame drohte, sondern im Gegenteil ...

7.Lc4xf1   Td8-d1

und Weiß wird mattgesetzt.

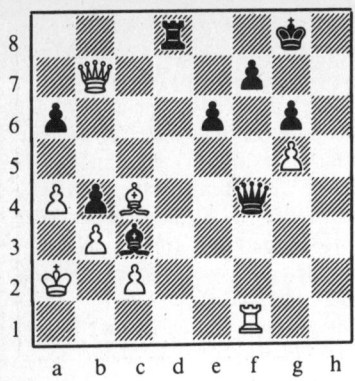

Diagramm Nr. 12

Csom wurde also Opfer der „Risiko-krise".

Zeitnot

In der Turnierpraxis kommt der Fall vor, daß eine komplizierte Stellung mit Zeitnot verbunden ist. Die Fahne der Schachuhr wird angehoben, der Augenblick der Zeitüberschreitung naht heran.

Der in Zeitnot befindliche Spieler ist sich bewußt, daß die noch zur Verfügung stehende Bedenkzeit für eine genaue Erwägung der taktischen Möglichkeiten der Stellung nicht ausreichend ist. Er weiß Bescheid, daß er deshalb leicht einen verhängnisvollen Fehler begehen kann. So vermag er die äußerst geringe Bedenkzeit nicht besonnen und wirtschaftlich auszunutzen, da die Zeitüberschreitung und der damit verbundene Partieverlust wie ein Damoklesschwert über ihm schweben.

In Zeitnot ist es eine zweckmäßige Methode, verhältnismäßig einfache Varianten zu bevorzugen, was freilich doch nicht immer zu verwirklichen ist. Der Gegner bemüht sich nämlich, durch unerwartete Wendungen, verwickelte Kombinationen und schlaue Fallen, die Aufgabe des in Zeitnot befindlichen Spielers zu erschweren.

Die Zeitnot kann auch die über genügend Bedenkzeit verfügende Partei aus dem Gleis bringen. Es kommt ja nicht selten vor, daß gerade jener die Partie verliert, der auf die Zeitnot des Gegners zu große Hoffnungen setzt, und ihm so die Objektivität und die Kaltblütigkeit verloren gehen. Darauf beruht der Trick in der Turniertaktik, daß die Meister in hoffnungslosen Stellungen freiwillig in Zeitnot geraten, und zwar in der Hoffnung, daß dann auch der Gegner ebenfalls voreilig ziehen und fehlgreifen wird.

Es ist also offensichtlich, daß eine Krise auch in einfacheren Stellungen entstehen kann, wenn die Zeitkontrolle bevorsteht. Eine interessante psychologische Feststellung besteht darin, daß die größte Streßwirkung da eintritt, wo auch der Gegner infolge Zeitmangels in Bedrängnis ist, d. h., wenn die Zeitnot gegenseitig ist.

In solch einem Fall beschäftigt sich der Spieler nicht nur mit seiner eigenen gefährdeten Lage, sondern muß auch die Zeitnot des Gegners auszunutzen versuchen. Eine Vereinfachung würde ja auch die dem Gegner drohenden Gefahren verringern. Das Ertragen der Zeitnotkrise nimmt das Nervensystem des betreffenden Spielers besonders in Anspruch. Aus

Erfahrung macht sich auch in den späteren Runden ihre Wirkung spürbar, hauptsächlich in solchen Fällen, wenn die Zeitnotkrise eine dramatische Wendung mit sich bringt. Solch ein nicht seltener Fall tritt ein, wenn eine als gewonnen angesehene Stellung wegen eines schweren Versehens schließlich sogar verlorengeht.

Die Zeitnotkrise gehört zum Turnierschach. Der heutige Spieler tut gut daran, alles daranzusetzen, die chronisch wiederkehrende Zeitnot zu vermeiden.

Ein vollkommenes Ausschließen der Zeitnot soll er nicht anstreben, weil dies das andere schädliche Extrem wäre. Strebt er nämlich nach einer übermäßigen Ersparnis von Bedenkzeit, dann geht dieses Verfahren auf Kosten der nötigen Vertiefung in die Stellung.

In der Zeitnotkrise besteht natürlich große Gefahr, Fehler zu begehen. Hier vermögen auch die besten Großmeister der Welt nicht fehlerfrei zu spielen. Viele dramatische Wendungen der Geschichte des Turnierschachs entstanden als Ergebnisse von Zeitnotkrisen. Mancher Großmeister ist nicht imstande, die Erinnerung der Fiaskos endgültig loszuwerden, die er in Zeitnotkrisen erlitten hat. Auch mit den Jahren ist er zuweilen von Träumen mit zurückkehrenden Momenten der damaligen kritischen Situationen geplagt.

Wir sollten uns also bemühen, die in Zeitnotkrisen erlittenen Mißerfolge vernünftig zur Kenntnis zu nehmen. Es wird leichter gelingen, wenn wir jene Partien in die Waagschale legen, in denen unsere Gegner in ihrer Zeitnotkrise zu unseren Gunsten auf Irrwege geraten sind. Wie im Falle aller regelmäßig eintretenden Streßwirkungen, kann man sich auch an die Zeitnotkrise und ihre psychologischen Prüfungen gewöhnen. Im Laufe der Turnierpraxis wird der aufstrebende Schachspieler auch diese „Feuertaufe" früher oder später erhalten und sich so ein „dickeres Fell" zulegen.

Die Gefahr der in Zeitnot begehbaren Fehler kann auch dadurch vermindert werden, daß sich der Schachspieler anhand der vom Verfasser vorgeschlagenen Trainingsmethode das Gespür aneignet, die taktische Situation rasch zu erkennen und während der zur Verfügung stehenden geringen Zeit (also sogar innerhalb einiger Sekunden) die auf ihn lauernden Gefahren vorauszuahnen und obendrein die notwendigen taktischen Gegenmaßnahmen zu erwägen.

Das hohe Niveau dieses durch Training entwickelten „Gespürs" hilft den führenden Großmeistern dann auch, äußerst gefährliche Zeitnotsituationen zu überstehen. Es ist ein Irrglaube, daß diese Weltgrößen — im Vergleich mit anderen Schachmeistern — auch variantenmäßig viel schneller rechnen und auf diese Art ihren Zeitnöten standhalten. Untersuchen wir jetzt eine typische Zeitnotkrise, deren Hauptdarsteller einer der besten Spieler der Welt, Viktor Kortschnoi, war. Es ist über ihn allgemein bekannt, daß er eine Zeitnotkrise des öfteren — und noch dazu erfolgreich — übernimmt.

Rukawina – Kortschnoi
Interzonenturnier, Leningrad 1973

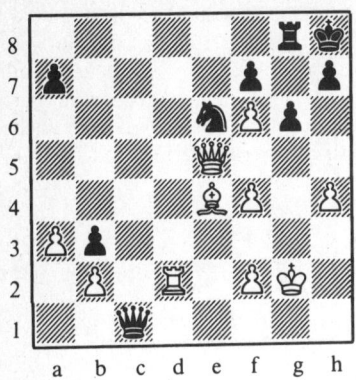

Diagramm Nr. 13

Die obige Darstellung entstand nach dem Zug 34. . . .Dc1 von Kortschnoi. Versuchen wir nun, die Stellung zu diagnostizieren!
Die schwarze Königsstellung ist geschlossen, die weiße jedoch ziemlich luftig. Hinsichtlich des vor dem schwarzen König befindlichen und ihm auflauernden weißen Bf6, ist Schwarz auf der 7. und 8. Reihe zur Verteidigung gezwungen. Deshalb ist auch sein Turm zur Passivität verurteilt.
Schwarz kann in der Schwäche des Bf4 nach Gegenchancen suchen. In manchen Varianten vermag er aus der Aktivierung des Tg8 Kapital zu schlagen, falls es ihm gelingt, durch die Sprengung g6-g5 und das darauffolgende Springeropfer Sg5: die g-Linie gegenüber dem weißen König zu eröffnen.
Mittels objektiver Erwägung kann man doch sehen, daß diese schwarzen Gegenchancen zu illusorisch sind

und bei weitem nicht ausreichen, das Gleichgewicht zu halten.
In der gegenseitigen Zeitnotkrise hat man aber nicht viel Zeit zu grübeln. Der jugoslawische Meister ist am Scheideweg angelangt:
Wie soll er weitergehen?
Seine Entscheidung würde erleichtert, wenn er die Schwäche der 7. und 8. Reihe erkennen würde, die als ein entscheidender taktischer Faktor anzusehen ist. Daraus geht nämlich offensichtlich hervor, daß der angegriffene Turm in die 7. Reihe eindringen muß. Machen wir — an Stelle Rukawinas — den richtigen Zug **1.Td2-d7!** und setzen wir die weiteren Untersuchungen aus der so entstandenen Eventualstellung fort.

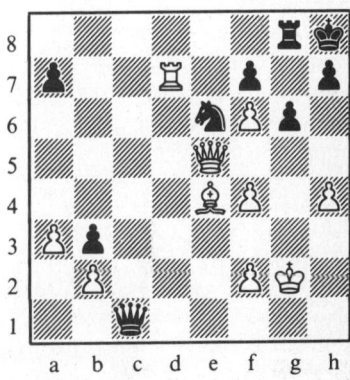

Diagramm Nr. 14

Mögliche Abspiele:
A)
1. . . . g6-g5
Beabsichtigt um jeden Preis die g-Linie zu öffnen.
2.De5xe6!!
Nutzt die Tatsache, daß die Diagonale des Läufers geöffnet wurde. Das

Damenopfer ist viel zuverlässiger, als unklare Verwicklungen zu übernehmen. Einige Beispiele nach 2. hg5:? Sg5:

a) 3.Kh2?? Sf3† 4.Lf3: Dg1† 5.Kh3 Df2: 6.Lg4 Df1† 7.Kh2 Df2†, =.
b) 3.fg5: Tg5:†
b1) 4.Kh3? Tg8! und das auf h6 und f1 gleichzeitig drohende Damenschach vermag Weiß nicht zu parieren.
b2) 4.Kf3 Dh1† 5.Ke2 Dh5† 6.Kd2 Dh6 7.Kc3 Dh3† 8.Ld3 Dd7: 9.Dg5:, +—.

Es liegt auf der Hand, daß der Versuch, solch weitverzweigte, komplizierte Varianten in Zeitnot genau auszurechnen, nicht ratsam ist, falls sich eine schnellere und einfachere Lösung darbietet.

 2. . . .　　　　　　**g5xf4†**
2. . . .fe6:?? 3.Th7:#.
 3.Kg2-f3　　　　　**Dc1-h1†**
 4.Kf3-e2　+—.
Weiß steht überlegen.

B)
 1. . . .　　　　　　**Se6xf4†**
 2.Kg2-h2!
2.Kf3?? Dh1† 3.Ke3 (3.Kf4:?? Dh2†, —+) 3. . . .Dh3† 4.f3 Sg2† 5.Kf2 Dd7:, ∓.
 2. . . .　　　　　　**Sf4-e2**
 3.Td7xf7!!　　　　**Dc1-g1†**
 4.Kh2-h3　　　　　**Dg1xf2**
4. . . .Df1† 5.Kg4! h5† 6.Kg5 Dc1† 7.f4 Dg1† 8.Kh6!, +—.
 5.Tf7xg7†!!　　　　**Kh8xh7**
 6.De5xh5#

Infolge der Streßwirkung erschrak Rukawina vor dem schwarzen Gegenspiel. Darum machte er in der Diagrammstellung 13 den Zug 1.Le4-d5?, wonach die Diagramm-

stellung 15 entstand. Diese wollen wir jetzt prüfen:

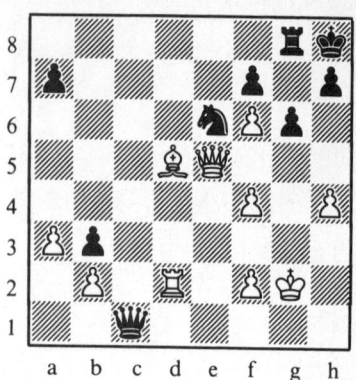

Diagramm Nr. 15

 1. . . .　　　　　　**Dc1xd2?**
Hier verpaßte es Kortschnoi, die psychologische Gelegenheit auszunutzen! 1. . . .g6-g5!? hätte ziemlich Wirrwarr angestiftet. Darauf wäre Weiß in eine peinliche Lage geraten und hätte die richtige Antwort in Sekunden kaum finden können.

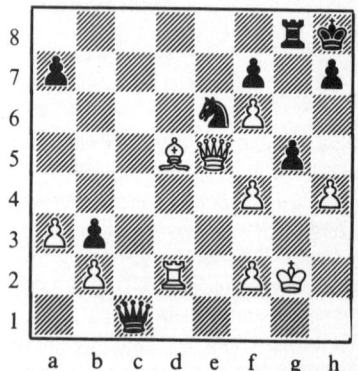

Diagramm Nr. 16
(Eventualstellung)

40

Wir erwähnen zwei abschreckende Beispiele nach 1. . . .g5!

a) 2.Le6: gf4:† 3.Kf3 Dd2: 4.Lf7: Dd1† 5.De2 Dh1† usw.

b) 2.hg5: Sg5: 3.fg5: Dd2: usw.

2.Ld5xe6

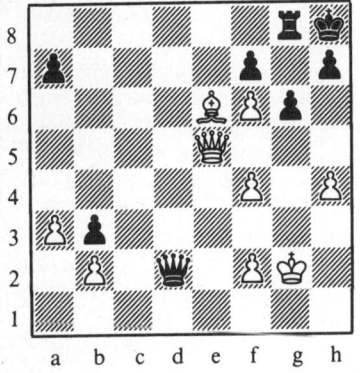

Diagramm Nr. 17

2. . . .   Dd2-d8??

Abermals ein grober Fehler!

Sonstige Möglichkeiten:

a) 2. . . .fe6:?? 3.f7† Tg7 4.f8D#.

b) 2. . . .Te8?

b1) 3.Db5? Dd8 4.Lf7: Tf8, ∓.

b2) 3.Dc7!! (es droht 4.Df7:!) 3. . . . Tf8 4.Lf7: Dd8 5.De7!! führt zur Textfortsetzung.

c) 2. . . .Dd1!! Diesen Zug hat Kortschnoi in Zeitnot nicht gesehen! Nun folgte auf 3.Lf7: Dauerschach mit 3. . . .Dg4†.

3.Le6xf7   Tg8-f8

(s. Diagramm Nr. 18 rechts oben)

4.De5-e7!   h7-h5

4. . . .Da8† 5.Kh2 Tb8 6.Ld5!!, +—.

5.Lf7xg6   1:0

Aus dieser Partie kann man die Lehre ziehen, daß in der Zeitnot-

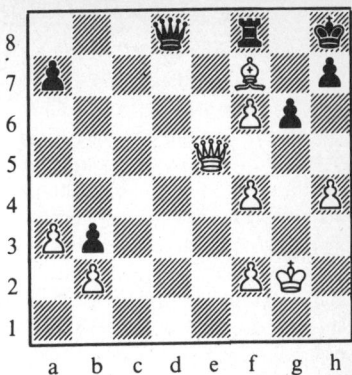

Diagramm Nr. 18

krise auch die Besten der Welt nicht fehlerfrei zu spielen vermögen.

Existentielle Hemmungen

Die öffentliche Meinung neigt dazu, die in den entscheidend wichtigen Turnierpartien vorkommenden, kaum begreiflichen Versehen ganz einfach auf die Rechnung der mit materiellen Interessen verbundenen Erregtheit zu setzen. Dieser Ansicht muß widersprochen werden, da ein gewisses Niveau eines Berufsschachspielers nur von denjenigen erreicht werden kann, die das Schachspiel als solches noch vor dem Geld rangieren lassen. Schon Turniere selbst verursachen so viel Erregung, daß sie einen Spieler nervlich überlasten können. Ein überzeugender Beweis ist das Beispiel Bobby Fischers, des größten Genius der Schachgeschichte. Er wurde von vielen in den Ruf eines geldgierigen Profis gebracht. Nun hätte er einige Millionen Mark selbst auch dann bekommen, wenn er damals gegen seinen Herausforderer Karpow im Jahre 1975 in Manila den Wettkampf verloren hätte. Fischer nahm aber vom Match aus prinzipiellen Gründen Abstand, wandte dem Turnierschach den Rücken, das ihn in kurzer Zeit zu einem mehrfachen Millionär hätte machen können. Der verblüfften Schachwelt hat Fischer auf diese Weise gezeigt, daß er seine materiellen Forderungen nur um des Prestiges des Schachsports und der Schachgrößen willen gestellt hatte.

In der Tat hat ein wahrer Schachspieler — sei er Meister oder Amateur — eher in moralischer als materieller Hinsicht etwas zu verlieren. Die die Masse der Schachspieler repräsentierenden Amateure halten ihre eigenen entscheidenden Partien — von ihrem Gesichtspunkt her — für mindestens so wichtig, wie die der auf höherem Niveau kämpfenden Meister. Das Verderben einer gut aufgebauten Partie — infolge eines groben Fehlers — tut ihnen genauso weh wie beispielsweise eine zufällig zerbrochene Statue dem Bildhauer, der sie mit großer Sorgfalt herstellte. Die anspruchsvollen Amateure tragen oft Kämpfe aus, die vom Standpunkt der höheren Qualifizierung oder des Sieges der Klubmannschaft her von entscheidender Bedeutung sind. In diesen Partien begehen sie gerade deshalb mehr Fehler, weil der Ausgang des Kampfes mit höheren Interessen bzw. Zielsetzungen verbunden ist. Das Streben nach Erfolg ist eine große Triebkraft, ist aber auch ein Spannung verursachender Faktor. Seine Streßwirkungen hemmen des öfteren die völlige Entfaltung der Fähigkeiten des betreffenden Spielers. Ein unerwarteter Mißerfolg kann nicht selten einem jungen Talent die Lust nehmen, wenn er sich eigentlich bereits kurz vor dem Sieg glaubte.

Aber von dieser psychologischen Krise können sich selbst die größten Schachspieler in ihren schicksalvollen Kämpfen nicht freimachen. Ein gutes Beispiel dafür ist der ungarische Großmeister Lajos Portisch, der — wie beinahe allbekannt ist — infolge innerer Spannung und Bedrängung in den Weltturnieren und in den Vorkämpfen zur Weltmeisterschaft gerade gegen verhältnismäßig schwächere Gegner die Partie viel leichter verdirbt. In den Partien von entscheidender Wirkung kann die sogenannte „existentielle Krise" zustande kommen, die mit dem Turnierschach im allgemeinen eng verbunden ist und die besonders die jüngeren Teilnehmer quält. Die Gewöhnung und die Routine können natürlich die Wirkung dieser Krise mildern, jedoch nicht völlig eliminieren. Das gleiche gilt auch für die Großmeister.

Die oben angeführten Faktoren werden auch von der Bilanz der Erfolge der ungarischen Teilnehmer der Schacholympiaden gezeigt. Die Last der Verantwortung für den Erfolg der nationalen Auswahl rief bei ihnen oft schwere Krisen hervor.

So gewann z. B. der Verfasser bei der Olympiade in Tel Aviv 1964 alle seine Semifinale-Partien, aber im Finale — mit hohem Fieber ringend — remisierte er als Schwarzer mit Spasski, verlor dann aber trotz seiner überlegenen Stellung infolge eines groben Versehens auch gegen den relativ unbekannten Adison. Unter der Wirkung der erlittenen Krise verzichtete der Verfasser endgültig auf einen Platz in der ungarischen Auswahl.

Als Neulinge der ungarischen Olympiade-Mannschaft spielten Ribli in Siegen 1970 und Sax in Skopje 1972 unter ihren Fähigkeiten, da sie von Hemmungen gepeinigt waren.

Im Jahre 1980 kämpfte Pinter, das junge Mitglied der ungarischen Mannschaft, in der Olympiade auf Malta ausgezeichnet, aber man gab ihm — wegen seiner Angst vor der obengenannten Krise — wenig Möglichkeit, in der Mannschaft zu spielen.

In Turnieren von höherem internationalen Niveau und in Einzelweltmeisterschaftsvorkämpfen wirken die Aufmunterungen des heimischen Publikums und des Freundeskreises positiv auf die Teilnehmer, andererseits aber steigern sie auch den Leistungsdruck der betreffenden Spieler, was oft schwere existentielle Hemmungen auslösen kann.

So geschah es auch im Falle von Großmeister Hübner. Der deutsche Kandidat gelangte 1981 ans letzte Hindernis, das Match mit Kortschnoi. Er hatte gute Aussichten, Kortschnoi zu besiegen und mit Karpow um den Weltmeistertitel zu spielen.

Hübner – Kortschnoi
Meran 1981

(s. Diagramm Nr. 19 rechts oben)

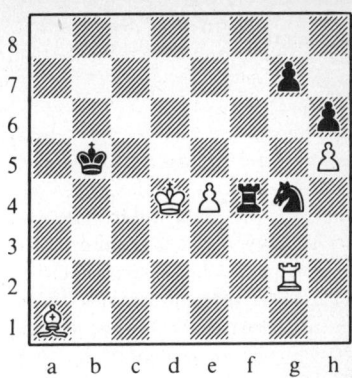

Diagramm Nr. 19

Hier hat Hübner seinen Turm übersehen.

1. Kd4-d5??   Sg4-e3†
2. Kd5-e5   Se3xg2   0:1

Das Publikum hebt seinen Liebling rasch empor und läßt ihn plötzlich im Stich.

Nachdem Hübner diese Niederlage — offenbar unter der Wirkung einer durch den Leistungsdruck hervorgerufenen existentiellen Krise — erlitten hatte, äußerte sich die Enttäuschung seiner Landsleute auch in beleidigender Form. Beleidigend dürfte die Aufmachung einer deutschen Zeitung gemeint gewesen sein, als sie hinter das Schachbrett mit der in Diagramm Nr. 19 zu sehenden Stellung einen Affen setzte. Das Titelblatt trug die Aufschrift: „Wie spielt ein Tier?" Die Erinnerungen an solche und ähnliche Äußerungen in der Presse könnte die Hemmungen des genialen deutschen Großmeisters verstärken helfen.

Der Wettkampf wurde mit dieser unerwarteten Wendung ausgeglichen, der Stand war danach 3½:3½.

Krise in Verbindung mit gefährdeter Lage

Die schlechtere Stellung kann noch nicht unbedingt als verloren angesehen werden.

Spüren wir, daß unsere Stellung ins Wanken gerät, können die hierüber auftauchenden Bedenken zu einer mit typischen Streßwirkungen verbundenen Art der Krise führen, in der sich verteidigende Seite leicht den Kopf verliert.

Jedoch können sehr viele nachteilige Partien gerettet werden, falls wir die Hoffnung auf Rettung nicht aufgeben!

Machen wir uns also mit den wichtigsten Methoden, über die wir zur Rettung einer Partie verfügen, vertraut.

Entkommen in unübersehbarer Lage

Den anhaltenden positionellen Druck des Gegners auf die Dauer zu ertragen, ist eine schwere Aufgabe, die viel Geduld erfordert. Es ist besonders denjenigen ein Greuel, die die taktischen Verwicklungen bevorzugen. Die Turnierpraxis zeigt, daß die zur Taktik neigenden Spieler während der langandauernden „Belagerung" ungeduldiger werden als die Positionsspieler, d.h. die „Verteidigungslustigen". Für die Taktiker und alle diejenigen, welche in der „Not" leichter irren, ist es ratsam, in eine äußerst scharfe, verwickelte und unübersehbare Stellung zu entkommen.

Nach den Gesetzen des Schachs kann das aber nur dann zweckentsprechend sein, wenn der Gegner im kritischen Moment die richtige Fortsetzung verfehlt. Die Turnierpraxis zeigt jedoch, daß der taktische Ausbruch aus einer positionell klar nachteiligen Stellung ungleich mehr Rettungschancen einräumt als das passive Abwarten.

Der Grund dafür liegt darin, daß ein plötzlicher Übergang in die Komplikationen eine Krise anstiftet, die den besser stehenden Spieler auf eine härtere Probe stellt, da er viel mehr zu verlieren hat.

Die aus einer ruhigen Position in die Verwicklungen hineingetriebene Partie vermag ihren Vorteil nur mit weitverzweigten, genauen Berechnungen zu bewahren. In der so veränderten Situation ist er des öfteren zu riskanten Opfern, beziehungsweise zu haarsträubenden Abenteuern gezwungen, falls er die Partie, welche er bereits als gewonnen betrachtet hat, auch tatsächlich zu gewinnen beabsichtigt.

Das Entkommen in eine zweischneidige, unübersehbare Lage kann nur dann recht chancenreich sein, falls sich der Verteidiger im optimalen Moment dazu entschließt, dann wenn sich seine Streitkräfte den taktischen Elementen der Stellung gut anzupassen imstande sind.

Der im Vorteil befindliche Spieler hat mit einem plötzlichen, oft tollkühnen Ausbruchsversuch des Gegners immer zu rechnen. So kann er die durch die verschärfte Lage verursachte Krise verhältnismäßig ruhiger abschätzen. Es ist wesentlich, daß er nach der plötzlichen Wendung dem taktischen Nahkampf nicht um jeden Preis ausweicht, da der Stellungsvorteil wegen der Passivität verloren gehen kann, wie die Turnierpraxis zeigt. In verschärften Stellungen ist also maßgebend, daß das Zusammenwirken von gesundem Selbstvertrauen und Besonnenheit dem Spieler über die psychologischen Schwierigkeiten hinweghilft.

Polugajewski – Tal
Wettkampf im Kandidatenturnier, Alma Ata 1980

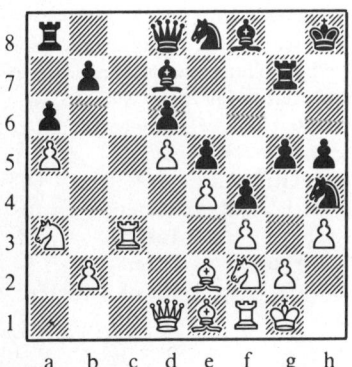

Diagramm Nr. 20

Der Königsflügelangriff von Schwarz ist steckengeblieben, aber am Damenflügel befindet sich Weiß in eindeutigem Positionsvorteil. Ein Teil der weißen Streitkräfte verhält sich aber abwartend am Königsflügel, um einen eventuellen Durchbruchsversuch g5-g4 scheitern zu lassen. Es drohten also weder eine rasche Umgruppierung der weißen Figuren, noch ein Eindringen in den Damenflügel.
Der Nachziehende hätte aber richtiger verfahren, zu versuchen, seinen außer Spiel gesetzten Turm abzutauschen. Am Platz war also 1. . . . Tc8. Tal hat den Zeitpunkt des Entkommens in verschärfte Verwicklungen schlecht gewählt und leitete eine übereilte Aktion ein.

1. . . .   Dd8xa5?
2.Tc3-c8   Da5xe1
3.Tc8xa8!

Polugajewski nimmt das Damenopfer nicht an, denn nach 3.Te1: Tc8: wäre Schwarz nicht ohne Gegenchancen.
Der weiße Textzug ist offenbar stärker, weil der in die 8. Reihe eindringende aktive Turm die schwarzen Streitkräfte lahmlegt und den schwarzen Königsflügelangriff vereitelt.

3. . . .   De1-b4
4.Sa3-c4   Db4-c5
5.Dd1-d2   b7-b5
6.b2-b4!   Dc5-c7
7.Sc4-a5   Dc7-b6
8.Sa5-c6   Tg7-g8
9.Tf1-a1   Ld7xc6
10.d5xc6   Db6xc6
11.Ta1xa6   Dc6-d7
12.Ta6-a7   Dd7-c6
13.Dd2-d5   Dc6-c1†
14.Le2-f1   1:0.

(s. Diagramm Nr. 21 nächste Seite)
Die Diagrammstellung Nr. 21 zeigt einen klaren Vorteil von Weiß. Dieser Vorteil kann langsam aber sicher weiter gesteigert werden, falls der verhältnismäßig ruhige Verlauf der Partie nicht durch einen taktischen „Sturm" gestört wird.
Über das Figurenopfer von Kasparow wird seitdem in der ganzen Welt debattiert. War das Opfer korrekt oder nicht?

Timman – Kasparow
Moskau 1981

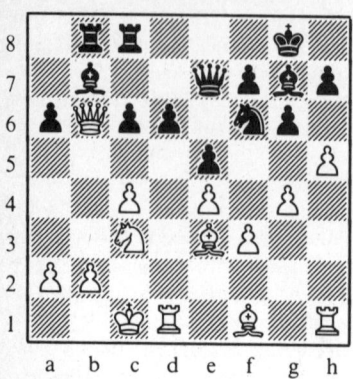

Diagramm Nr. 21

Das letzte Wort wurde in dieser Sache noch immer nicht gesprochen. Daraus geht jedoch klar hervor, daß der tollkühne Textzug im gegebenen Moment jedenfalls mit einem gesunden Risiko verbunden war.

1. . . .   Sf6-d5!!

Eröffnet schlagartig Linien und Diagonalen. Die „halbtot" scheinenden schwarzen Läufer werden zu neuen Kräften kommen, was auch ein Figurenopfer wert ist.

2.e4xd5   c6xd5
3.Td1xd5!?

Die Analytiker dürften recht haben, die behaupten, daß die Rückgabe des Materials auf diese Weise nicht das beste sei. Die Überraschung erwiderte der Anziehende jedoch mit einer neuerlichen Überraschung, und das weist darauf hin, daß er in der Krise den Kopf nicht verliert, sondern — statt einer passiven Haltung — sich in den Nahkampf einläßt.

Timman war sich darüber im klaren, daß er nach 3.cd5: La8! (3. . . . Ld5?? 4.Db8:!! Tb8: 5.Sd5:, +—) 4.Da5 e4! auf den b- und c-Linien gefährlichen taktischen Schlägen ausgesetzt wäre.

3. . . .   Lb7xd5
4.Sc3xd5   De7-e6
5.Db6-a7!

Infolge der Fesselungen sind die Möglichkeiten der weißen Kräfte ziemlich eingeschränkt. Falls 5.Da5??, so Tb5! mit der Eroberung des Sd5.

5. . . .   Tb8-a8
6.Da7-b7!

Timman spürte wohl, daß seine Königsstellung noch immer unsicher war, darum hatte er sich mit der Punkteteilung abzufinden. Z. B. 6. Se7† (6.Sc7? wäre von Dc4:! gefolgt) 6. . . .Kf8 7.Sc8: Ta7: 8.Sa7: Df6 9.Le2 e4! mit schwarzem Angriff.

6. . . .   Ta8-b8
7.Db7-a7   Tb8-a8
8.Da7-b7   Ta8-b8   Remis.

Rettung durch Reduzierung des Materials

Oft ist der beste Weg zur Flucht aus einer gefährdeten Stellung die Reduzierung des Materials.
Wir prüfen nun mehrere Arten dieser Rettung. In unserem ersten Beispiel vereinfachte Schwarz durch Abtausch auf eine haltbare Stellung.

(s. Diagramm Nr. 22 nächste Seite)

Infolge des weißen Mehrbauern und der Schwächen im schwarzen Lager ist Tukmakow in eine gefährdete Lage geraten.

Hübner – Tukmakow
Interzonenturnier, Leningrad 1973

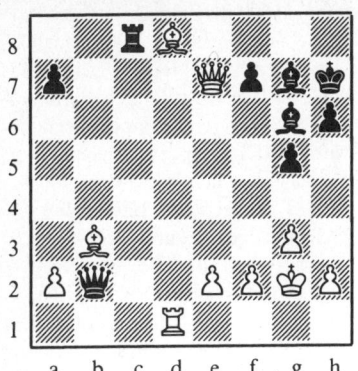

Diagramm Nr. 22

Er kann jedoch Mittel und Wege zur Rettung finden:

1. . . .   Tc8xd8!!
2.Td1xd8!

Es wäre gefährlich gewesen, auf Qualitätsgewinn zu spielen, denn nach 2.Dd8:?? De2: befindet sich Weiß — wegen der verhängnisvollen Schwäche der großen Diagonale h1-a8 — in Nöten.

2. . . .   Lg7-f6
3.De7-e8   Lf6xd8
4.De8xd8   Db2xe2

Mittels der Rettungsaktion gelangte Schwarz zu einer Stellung, die für ihn zwar etwas nachteiliger ist, jedoch haltbar. Mit dem Zug 5.Df6 versuchte Weiß die Partie zu gewinnen, aber ohne jeden Erfolg.

Eine andere übliche Art der Rettung durch Reduzierung besteht in einer allgemeinen Tauschaktion, in der die sich verteidigende Seite durch Opfer die gegnerischen Bauern liquidiert. So können Endspiele erreicht werden, in denen kein Gewinn

mehr möglich ist. So z. B. Endspiele mit Turm und Springer gegen Turm, bzw. Turm und Läufer gegen Turm. In Endspielen von solchem Typ kann — was oft außer Betracht gelassen wird — die Lage der Könige von entscheidender Bedeutung sein. So ist es üblich, in einem Endspiel, in dem Turm und Läufer einem alleinstehenden Turm gegenüberstehen, auf Remis zu gehen, obwohl die stärkere Partei im Falle der günstigeren Lage ihres Königs gegebenenfalls auch gewinnen könnte.

Es ist es also wert, diese Art der Endspiele einer näheren Untersuchung zu unterziehen. Dem Verfasser gelang es, mehrere solche Endspiele (Turm und Läufer gegen Turm) selbst gegen Großmeister Forintos und Faragó zu gewinnen. Die Gegner können in diesen Endspielen des öfteren arglos spielen, wie es in dem folgenden Beispiel gezeigt wird.

Stefanov – Flesch
Bukarest 1981

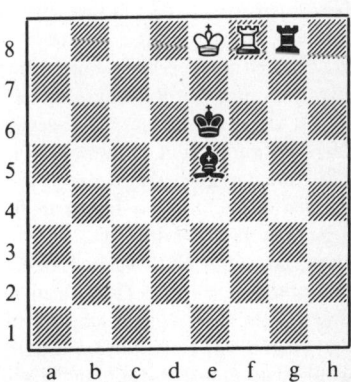

Diagramm Nr. 23

Der junge Rumäne beklagte sich beim Turnierleiter, da Schwarz nicht willig war, sich auf Unentschieden zu einigen, sondern auf Gewinn spielte. Der Standpunkt des Nachziehenden war aber gerechtfertigt, weil Weiß in der obigen Stellung das Matt auf keine Weise parieren konnte, wie wir aus der Partiefortsetzung ersehen können:

1. . . .	Tg8-g7
2.Tf8-f2	Tg7-c7
3.Tf2-d2	Tc7-b7
4.Td2-d1	Tb7-g7
5.Td1-f1	Le5-g3!
6.Tf3	

6.Kf8 Tg4 führt zur Partiefortsetzung.

6. . . .	Lg3-d6
7.Tf3-e3†	Ld6-e5
8.Te3-f3	Tg7-e7†!
9.Ke8-d8	

9.Kf8 Ta7 10.Kg8 Tg7† 11.Kf8 Tg4 (droht 12. . . .Ld6† und 13. . . . Tg8†) 12.Ke8 Lf4! 13.Kf8 Ld6† 14.Ke8 Tg8† 15.Tf8 Tf8:#

9. . . .	Tb7!

Auf 10.Kc8 käme Tb8#. 10.Tc3 verliert auch wegen 10. . . .Lc3:. Weiß gab auf. 0:1.

Dem Leser dürfte es aufgefallen sein, daß wir unter den Rettungsmöglichkeiten die Rettung durch ungleichfarbige Läufer nicht erwähnt hatten. Das ist aber kein Zufall.

In den Schachkreisen hat sich der Irrtum weit verbreitet, daß in Partien mit ungleichfarbigen Läufern 1-2 Mehrbauern zum Gewinn nicht ausreichen, d. h. eine solche Partie fast immer mit Remis enden müßte. Falls von den Figuren nur je ein Läufer (von ungleicher Farbe) übriggeblieben ist, kann die schwächere

Seite in der Tat leichter ein Unentschieden erzielen, aber in Gegenwart anderer Figuren können die ungleichfarbigen Läufer — im Gegensatz zu dem reinen Läuferendspiel — der angreifenden Partei geradezu mehrere Gewinnchancen einräumen. Die sich verteidigende Seite vermag nämlich z. B. dem angreifenden gegnerischen Läufer den ungleichfarbigen Läufer nicht gegenüberzustellen und so wird sie oft dem Angriff erliegen, wenn sie nicht auf das besagte reine Läufer-Endspiel vereinfachen kann.

Rettung durch theoretisches Remisendspiel

Viele Niederlagen in der Turnierpraxis gehen zu Lasten des Umstandes, daß manche Spieler die im Endspiel vorkommenden theoretischen Stellungen unbeachtet lassen. Es kommt nicht selten vor, daß die Möglichkeit der Vereinfachung auf ein theoretisches Remisendspiel selbst im Laufe der nachträglichen Analysen der Aufmerksamkeit der Spieler und der Analytiker gleichfalls entgeht. Ein anschauliches Beispiel dafür ist die folgende Stellung: (s. Diagramm Nr. 24 nächste Seite) Weiß hat einen Bauern mehr. Die Lage von Schwarz wird auch dadurch erschwert, daß seine Bauern unbeweglich sind und auf der Farbe des weißen Läufers stehen. Weiß erzielte hier einen sehr lehrreichen und sehenswerten Bauerndurchbruch. Deshalb wurde diese Stellung in aller Welt publiziert. Sehen wir vorerst den Verlauf der Partie an:

Timoschtschenko – Stephenson
Hastings (Turnier B) 1966/67

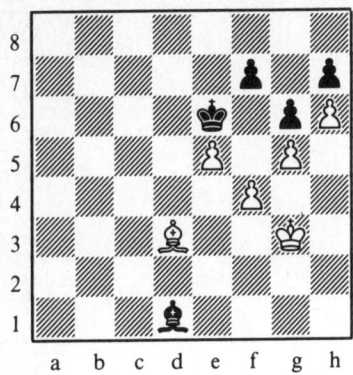

Diagramm Nr. 24

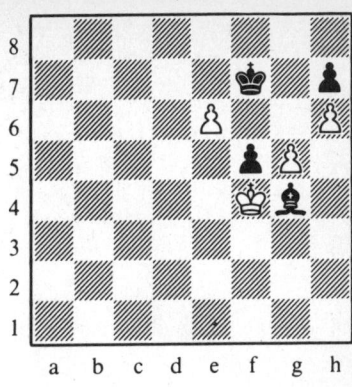

Diagramm Nr. 25

1.f4-f5†   **g6xf5**
1. . . .Ke5:?? 2.fg6: fg6: 3.Lg6: +—.
2.Kg3-f4   **Ld1-g4**
3.Ld3-c4†   **Ke6-e7**
4.Lc4xf7†   **Ke7xf7**
5.e5-e6†   **Kf7xe6**
6.g5-g6   1:0.
Nun kehren wir aber zum Diagramm
Nr. 24 zurück. Versuchen wir die
Partie aus der Diagrammstellung
fortzusetzen und einen Weg zur
Rettung zu finden:
1.f4-f5†   **g6xf5**
2.Kg3-f4   **Ld1-g4**
3.Ld3-c4†   **Ke6-e7**
4.Lc4xf7†   **Ke7xf7**
5.e5-e6†
Ein „schöner" Zug, aber vom Sieg
von Weiß kann keine Rede sein!
(s. Diagramm Nr. 25 rechts oben)
5. . . .   **Kf7-g8!!**
5. . . .Ke6:?? — wie wir schon
oben gesehen haben — führte in der
Partie zum Verlust. Auf 5. . . .Kf8??

entscheidet aber 6.e7† Ke7: 7.g6 Kf8
8.gh7:
  6.g5-g6
6.e7?? würde freilich nicht mit
6. . . .Kf7 beantwortet, denn darauf
folgte 7.g6† Ke7: 8.gh7: und Weiß
gewänne tatsächlich. Auf 6.e7??
wäre die richtige Antwort 6. . . .
Lh5! mit peinlicher Überraschung
für Weiß!
  6. . . .   **Lg4-h5**
Bewacht die wichtige Diagonale
e8-h5, um den schwarzen König
vom Aufhalten der vorrückenden
weißen Bauern zu entlasten.
  7.g6-g7
7.gh7: Kh7: 8.Kf5: ergibt Unentschieden.
  7. . . .   **Lh5-g6**
  8.Kf4-e5   **Lg6-h5**
  9.Ke5xf5   **Lh5-e8**
  10.Kf5-f6   **Le8-a4**
  11.Kf6-e7   **La4-e8!**
  12.Ke7-d8   **Le8-a4**
  13.e6-e7
Und nun:
a) 13. . . .Lb5 14.e8D† Le8: 15.Ke8:
patt!

b) Ein anderer interessanter Weg besteht darin, daß Schwarz in „die Falle" geht und zu gewinnen versucht: 13. . . .Kf7 14.e8D† Le8: 15.g8D† Kg8: 16.Ke8: mit theoretischem remis. Die dritte Möglichkeit ist die Partiefortsetzung selbst:

13. . . . **La4-e8**

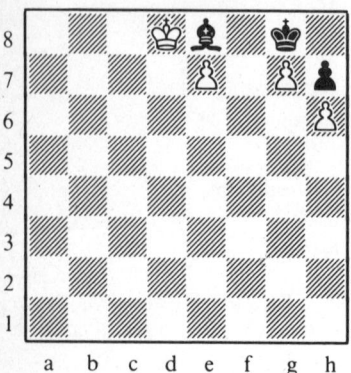

Diagramm Nr. 26

14.Kd8xe8

Das Spiel ist auch jetzt patt!

Um die in Betracht kommenden theoretischen Remisendspiele kennenzulernen, ist es empfehlenswert, auch von den Schöpfungen der Klassiker der künstlerischen Endspiele einige vorzustellen. Diese sind nämlich sehr lebensnah und können deshalb auch in der Turnierpraxis vorkommen. Versuchen wir also das folgende Beispiel ausführlich zu analysieren. Eine Fülle von Partien verlieren wir nur aus dem Grund, weil wir das Arsenal der Rettung gewährenden theoretischen Remisendspiele nicht kennen oder außer acht lassen!

A. Chéron
1951

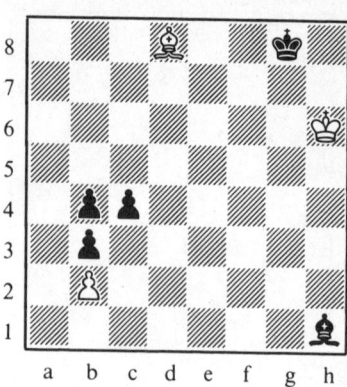

Diagramm Nr. 27

Versuchen wir jetzt den zum Remis führenden Weg gründlich zu analysieren und auch die Gefahren der Irrwege.

1.Ld8-b6!

1.Lf6? Kf7! 2.Kg5 Ke6 (2. . . .c3 3.Ld4 =) 3.Lg7 (3.Lh8 c3 4.Ld4 Kd5 —+) 3. . . .c3 (3. . . .Kd5? 4.Kf4 =) 4.Kg4 Lg2! 5.Kg3 (Oder 5.Ld4 Kd5 —+. auf die Züge 5.Kf4, 5.Kg5, 5.Lh8 käme 5. . . .c2 und Schwarz gewinnt.) 5. . . .Kf5!! (5. . . .Kd5? 6.bc3: b2 7.c4†!! Kc4: 8.Lb2: =) 6.Kf2 Ke4 7.Ke2 Lf3†!! und Schwarz gewinnt.

1. . . .	**c4-c3**
2.Lb6-d4	**Kg8-f7**
3.Kh6-g5	**Kf7-e6**
4.Kg5-f4	**Ke6-d5**
5.Kf4-e3	**c3-c2**

(s. Diagramm Nr. 28 nächste Seite)

6.Ke3-d2	**Kd5xd4**
7.Kd2-c1	

Theoretisches Remisendspiel!

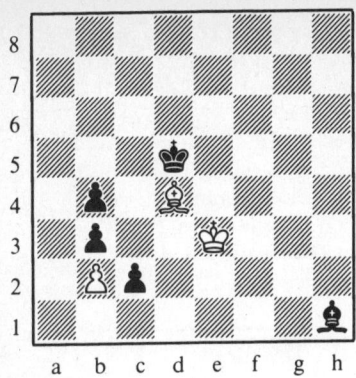

8
7
6
5
4
3
2
1
a b c d e f g h

Diagramm Nr. 28

Rettung durch Zugwiederholung

Eine mögliche Art der Flucht aus
einer gefährdeten Lage besteht in
der Erzwingung der Zugwiederholung, d. h., wenn beide Spieler dieselben Züge dreimal hintereinander
machen. Genauer gesagt, jeder Spieler hat das Recht, das Unentschieden
zu beanspruchen — im Sinne der
offiziellen Schachregeln — wenn
im Verlauf der Partie dreimal in
derselben Stellung derselbe Spieler
am Zuge ist. Dieser Anspruch kann
entweder beim Gegner oder beim
Turnierleiter geltend gemacht werden. Dabei muß man aber sehr sorg-
fältig verfahren, weil sonst leicht
ein Fehler geschehen kann. Wir müssen mit den folgenden Regeln vertraut sein:

a) Der Turnierleiter (Schiedsrichter)
kontrolliert die Stellung immer zu
Lasten der Bedenkzeit der rekla-
mierenden Partei, d. h. mittels Nach-
spielens der Partie.

b) Im Falle dieser Reklamation darf

die reklamierende Seite den Zug,
der die dreimalige Zugwiederholung
zustande bringt, auf dem Brett nicht
machen, sondern sie hat diesen Zug
dem Gegner bzw. nötigenfalls dem
Turnierleiter mitzuteilen. Laut Regel
kann ja nur der Spieler reklamieren,
der am Zuge ist!
In Zeitnot ist es empfehlenswert,
diese Reklamation sehr gründlich zu
bedenken, denn im Falle einer irr-
tümlichen Reklamation wird die
Partie wegen einer eventuellen Zeitüberschreitung verloren gehen. Es
ist noch leichter im Falle eines sogenannten „Spiegelbildes" einen Fehler
zu begehen. Unter „Spiegelbild" versteht man, daß dieselbe Stellung in
drei beliebigen Phasen der Partie
dreimal vorkommen kann. Obendrein ist es notwendig, daß in allen
drei Stellungen auch derselbe Spieler am Zuge ist.
In einer Partie Castro — Petrosjan,
Interzonenturnier, Biel 1976, wagte
Schwarz in schlechterer Stellung das
Remis nicht zu beanspruchen, denn
er war in Zeitnot. (Später, nach dem
Vorübergehen der Zeitnot, wiederholte Castro seinen Zug nicht mehr,
und so verlor Petrosjan).
In unserem folgenden Beispiel führte
Schwarz in seiner gefährdeten Lage
durch eine nette Kombination eine
Stellung herbei, in der sein Gegner
der Zugwiederholung nicht entgehen
konnte.

(s. Diagramm Nr. 29 nächste Seite)

1. . . .	Tf7xf4!!
2.Tf1xf4	Db2-a1†
3.Ld3-f1	Da1xf1†
4.Tf4xf1	Tf8xf1†
5.De3-g1	Tf1xg1†
6.Kh1xg1	Le7-f6!!

Pritchett – Polugajewski
Telexolympiade 1981

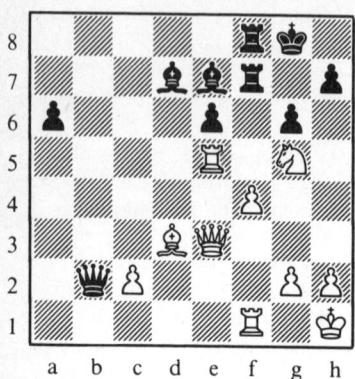

Diagramm Nr. 29

Der Schlüsselzug der prächtigen Rettungskombination!
  7.Te5-a5

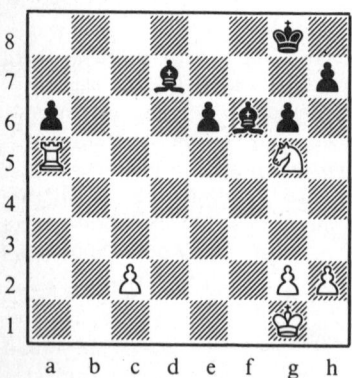

Diagramm Nr. 30

7. . . .   Lf6-d8!
Ein interessantes taktisches Element, der sogenannte Doppelangriff, wird angewandt. Der Läufer greift näm-

lich Turm und Springer gleichzeitig an.
  8.Ta5-e5   Ld8-f6
  9.Te6-a5
Weder jetzt, noch im vorigen Zug, war der Turmzug Tc5 möglich, denn der weiße König steht bereits auf der vom schwarzen Läufer bedrohten Diagonale, auf dem Feld g1.
  9. . . .   Lf6-d8 Remis.

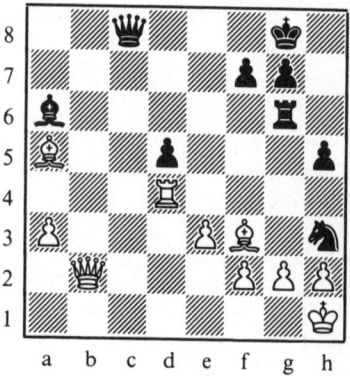

Diagramm Nr. 31

Schranz – Dr. Gara
Ungarn 1981
  1. . . .   Dc8-c1†
Und wegen Sf2†-Sh3† Zugwiederholung Unentschieden.

Rettung durch ewiges Schach

In einer gefährdeten Lage kann — nicht selten — ein ewiges Schachgebot das Unentschieden sichern. Unter diesem Manöver versteht man, daß sich die in nachteiliger Position befindliche Seite eine Lage erzwingt, in der der gegnerische König den aufeinanderfolgenden (dauerhaften) Schachgeboten entweder überhaupt nicht oder nur um den Preis des Nachteils entweichen kann. Diese Situation unterscheidet sich von der oben behandelten Zugwiederholung dadurch, daß im Falle des ewigen Schachs (Dauerschach) vollkommen gleichgültig ist, auf welchen Feldern der betreffende König steht, bzw. eine Figur oder mehrere Figuren Schach bieten. Betrachten wir nun ein interessantes Beispiel:

Uussi – Tal
Tallinn 1981

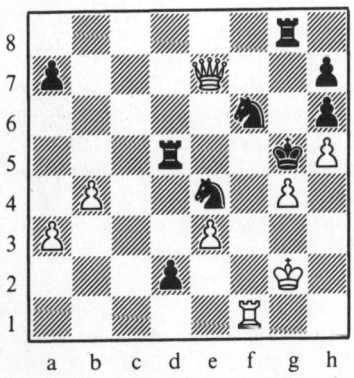

Diagramm Nr. 32

Die vorzügliche Plazierung der schwarzen Figuren, besonders aber der gefährliche schwarze Freibauer verurteilten Weiß zur Defensive. Der Anziehende kann freilich nicht auf Gewinn spielen; angezeigt ist es aber, sich nach dem „sicheren Remishafen" zu flüchten.
Weiß beurteilte seine Stellung irrtümlich und nach 1.Kh3?? d1D! 2.Td1: Sf2† 3.Kf3 Sd1: 4.e4 Td3†

geriet er in materiellen Nachteil und verlor auch die Partie.
Auch 1.Td1? wäre natürlich zu passiv gewesen. Nach 1. . . .Kg4: ist der schwarze Sieg nur eine Frage der Zeit.
Trotzdem hätte Weiß die etwas luftige Stellung des schwarzen Königs ausnutzen und ewiges Schach erzwingen können:

1.Kg2-f3!!   d2-d1D†
2.Tf1xd1   Td5xd1
3.De7xe5†   Kg5-h4
4.De5-h2†   Kh4-g5
5.Dh2-e5†

und aus dem Dauerschach vermag Schwarz keinen Ausweg zu finden.

Rettung durch Patt-Ende

In Turnieren kommt es sehr selten vor, daß eine Partie mit Patt endet. Darum neigen die Spieler dazu, diese Möglichkeit völlig zu vergessen. Aber in einer gefährdeten Lage kann ein Fluchtweg eben die Pattsetzung sein. Die Erzwingung einer Pattstellung kann man in unserem nächsten Beispiel sehen:

(s. Diagramm Nr. 33 nächste Seite)
Bei den Zuschauern erzeugte es große Heiterkeit, daß Weiß in dieser hoffnungslos scheinenden Stellung Remis angeboten hatte. Dieses Angebot wurde als scherzhaft angesehen, da Schwarz selbst den Be5 erobern kann. Aber jetzt ereignete sich die Überraschung:

1.Dd6-d8†!   Kg8-g7
2.Sg3-h5†!!   g6xh5
3.Dd8-g5†!!   Df4xg5 Patt!

In unserem zweiten Beispiel stellte

Mufics – Gross
Tapolca 1981

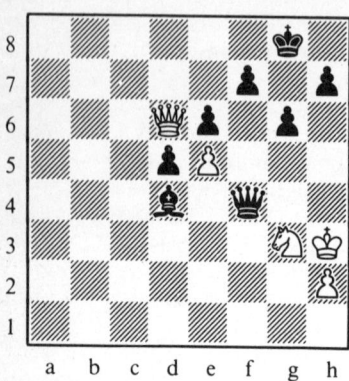

Diagramm Nr. 33

der auf Verlust stehende Spieler eine
Falle.

Hübner – Adorján
Wettkampf im Kandidatenturnier
Bad Lauterberg 1980
Es ist eine allgemein verbreitete
Meinung, daß das Zustandebringen
einer Pattstellung auf Meisterniveau
beinahe ausgeschlossen sei. Die
beste Entkräftung dieser Meinung
ist die unten folgende berühmte
Stellung. In jeder Turnierkategorie
müssen wir jedoch mit der Flucht in
die Pattstellung, als einer Möglichkeit zur Rettung der Partie, rechnen.
Die Turnierspieler verwenden aber
darauf weniger Sorgfalt als nötig
wäre. Darum wird diese Möglichkeit in zahlreichen Partien außer
acht gelassen.
(s. Diagramm Nr. 34 rechts oben)
Diese Stellung soll beiden Seiten,
sowohl der im Vorteil wie auch im
Nachteil befindlichen, als nützliche

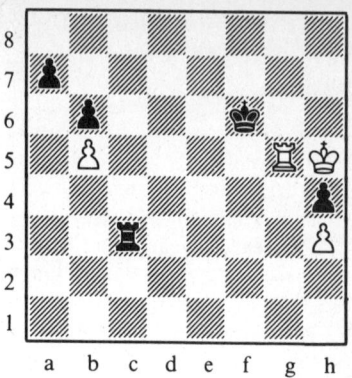

Diagramm Nr. 34

Lehre dienen: Adorján hatte reich-
lich Bedenkzeit zur Verfügung. Er
sah keine Möglichkeit des Gegners,
die irgendwelche Rettungschance
bot. Eine Pattmöglichkeit war beim
Nachziehenden gar nicht vorge-
sehen. Die Lage von Hübner wäre
nach 1. ...Th3: natürlich hoffnungslos. Adorján wollte aber das
den Wettkampf ausgleichende „Tor"
baldmöglichst schießen. Dafür fand
er das Erzwingen des Turmtausches
mittels einer Fesselung als geeignet-
stes Mittel. Es folgte eine der
berühmtesten Blamagen der Vor-
kämpfe zur Weltmeisterschaft:

1. ...   **Tc3-c5??**
2.Kh5xh4!!   **Tc5xg5 Patt!**

(s. Diagramm Nr. 35 nächste Seite)

Rechtzeitiges Erkennen der Krise

In den vorhergehenden Abschnitten

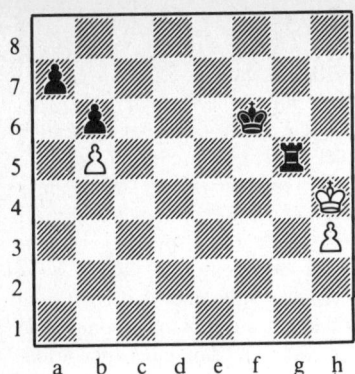

Diagramm Nr. 35

haben wir die Arten der in Schachturnieren auftretenden Krisen ausführlich kennengelernt.

Es liegt auf der Hand, daß wir uns
bemühen müssen, die Möglichkeit
einer Krise noch vor dem Eintritt
der Krise zu erkennen. Je eher wir
zu dieser Erkenntnis gelangen, desto
mehr Zeit haben wir, die notwendigen Maßnahmen zu ergreifen.

Freilich können wir den Zeitpunkt
des Eintritts jener Krisen im vor-
hinein nicht festsetzen, welche aus
den Fehlern des Gegners herrühren,
d. h. mit unserem entscheidenden
Vorteil verbunden sind. Höchstens
vermögen wir diese durch Stellen
von Fallen zu fördern. Aber bei
einem Teil dieser Krisen besteht die
Möglichkeit, unseren entscheidenden taktischen Schlag nötigenfalls —
z. B. im Falle einer Zeitnot — auf-
zuschieben, wenn die schädliche
Wirkung der Zeitnot schon nicht
mehr zur Geltung kommt.

Wie wir bereits aus den vorange-
gangenen Kapiteln erfahren haben,
können auch solche Krisen vorkom-

men, welche von uns selbst, zwecks
Entrinnens einer uns gefährdenden
Lage hervorgerufen werden. Es gelingt uns auch oft, diese Krisen
zeitlich in den Abschnitt der Zeitnot
des Gegners zu legen. Unter dem
Einfluß einer unerwarteten Wendung oder einer schlauen Falle kann
der sich in Zeitnot befindende Gegner sehr leicht fehlgreifen.

Gleich welche Art Krise entsteht,
ist eines doch sicher: Die rechtzeitige
Erkenntnis oder Vorausahnung der
Krise ist jedenfalls nutzbringend.

Es kann auch eine Lage geben, in
der das Vorverlegen der Krise (also
das Gegenteil der oben erwähnten
Aufschiebung der Krise) angezeigt
ist.

In der folgenden Großmeisterpartie
ist es dem Verfasser gelungen, die
ihm drohende Krise rechtzeitig zu
erkennen, dazu auch den Zeitpunkt
des Eintritts der Krise vorzuverlegen. Die Verwicklungen haben
ihren Höhepunkt früher erreicht,
und der damalige Landesmeister der
Sowjetunion wurde auf diese Weise
das Opfer der vorverlegten Krise.

(s. Diagramm Nr. 36 nächste Seite)

Schwarz wurde dadurch überrascht,
daß Beljawski auf dieses Mittelspiel
eingegangen war, denn einige Mo-
nate zuvor, im Turnier in Moskau,
verlief die Partie Ljubojevic —
Karpow so, daß Schwarz durch die
Tausche auf dem Punkt e5 einfach
auszugleichen vermochte. Die Rivalen Beljawskis sagen ja über ihn,
daß er — ob mit Weiß oder Schwarz
— mit seinen Gegnern — selbst mit
einem Weltmeister — nie im voraus
einen Kompromiß zu schließen ge-
neigt ist. Es war also offenkundig,

Beljawski – Flesch
Großmeisterturnier, Lwow 1981

Diagramm Nr. 36

daß Weiß, der Co-Sieger der UdSSR-Meisterschaft 1981, gegen den Verfasser — der in den letzten Jahren nicht mit voller Kraft in Turnieren gespielt hatte und auch in diesem Turnier kurzfristig „eingesprungen" war — keinesfalls ein Salonremis anstrebte.

Da am oben erwähnten Moskauer Turnier auch Beljawskij teilgenommen hatte, war es offenbar, daß er im Vergleich zur Partie Ljubojevic — Karpow irgendeine Verbesserung bereithielt, welche er hier gegen den Verfasser auszuprobieren versuchte. Mit dem Wissen um diese Vorgeschichte war Schwarz auf die Überraschung psychologisch vorbereitet: Er trug sich nicht mit der Hoffnung, eines schnellen Ausgleichs, sondern sah der bevorstehenden Kraftprobe gelassen entgegen.

Weiß ging tatsächlich von dem von Ljubojevic gewählten Weg ab:
(siehe Diagramm 36)

1.b2-b4

Weiß nützt die Tatsache aus, daß der Be5 hängt und greift die schwarze Dame an. Dem Verfasser war klar, daß die nach dem naheliegenden Rückzug Da5-c7 auf der Diagonale h2-b8 entstandene Fesselung hier der wichtigste Faktor wäre, worauf Weiß seine Mittelspielpläne aufzubauen beabsichtigt. Schwarz rechnete aber mit einer Überraschung und erwog die Stellung besonnen. So bemerkte er, daß einer der wichtigsten Mängel des weißen Heeres im Entwicklungsrückstand lag. Weiß hat nämlich die Verbindung seiner Schwerfiguren noch nicht verwirklicht.

Schwarz hat also zu versuchen, den Nahkampf vorzulegen und den Gang der Partie auf taktische Geleise zu lenken, bevor Weiß seine Entwicklung vollenden kann.

Anstatt einer passiven Verteidigung läßt sich Schwarz also eher auf fast unberechenbare Komplikationen ein.

1. . . .	**Da5-d5!**
2.d4xe5	**Dd5xg2!**

2. . . .Se5:?? 3. Se5: Le5: (3. . . . Dd2:†?? 4.Kd2:, +—) 4.Dd5: Lc3:† 5.Dd2!, +—.

3.0—0—0

(s. Diagramm Nr. 37 nächste Seite)

Die Diagrammstellung Nr. 37 hat der Nachziehende im voraus bereits gründlich erwogen. Trotz des materiellen Gleichgewichts ist die Lage äußerst verschärft. Seitens Schwarz befindet sich die Dame, seitens Weiß jedoch der König wegen der Verwicklungen in Gefahr.

Dem sowjetischen Großmeister gefiel noch nie, wenn man seinen

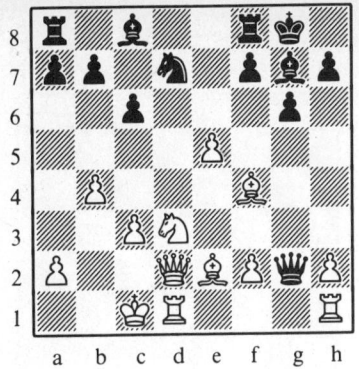

Diagramm Nr. 37

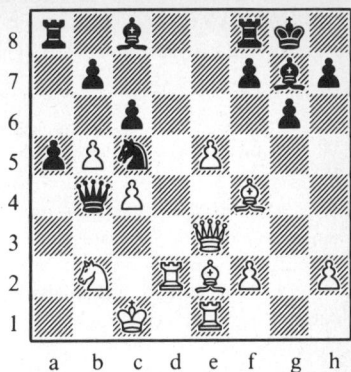

Diagramm Nr. 38

König „kitzelt". Einige Mißerfolge der Laufbahn von Beljawski deutete der Verfasser als Trainer mit dieser „Schwäche". Schwarz ergriff deshalb nun die sich darbietende Gelegenheit, dem weißen König einen Schrecken einzujagen.

3. . . . a7-a5!
Aufmarsch zwecks Zertrümmerung der weißen Königsstellung.

4.Dd2-e3 Dg2-d5!!
Nach 4. . . .ab4: 5.Sb4:! würde auch Tg1 drohen.

5.Sd3-b2
Auf 5.Sc5? gewinnt Schwarz sofort durch ein vorübergehendes Figurenopfer: 5. . . .Da2: 6.Sd7: Ld7: 7.Td7: ab4:!

5. . . . Dd5xa2
Bezweckt nicht den Bauernraub, sondern eine Angriffsbasis auf a2.

6.b4-b5 Da2-a3
7.Th1-e1 Sd7-c5
8.c3-c4 Da3-b4!
9.Td1-d2
Ein Köder. Nach dem Qualitätsverlust hätte Weiß weniger Sorgen . . .

9. . . . a5-a4!
10.Le2-d3 Db4-c3†
11.Kc1-d1 Dc3-a1†
Schwarz zog hier auch die gefällige taktische Lösung in Betracht, nämlich 11. . . .a3! und nun:
a) 12.Dc5: a2 usw., —+.
b) 12.Sc5: Da1† 13.Kc2 Db2†!! 14.Kd3/14.Kd1 wäre von Db1 Matt gefolgt. 14. . . .Lf5† 15.Se4 Td8†, —+.
Die Textfortsetzung führt aber zu einem klaren Endspiel mit einer Mehrfigur von Schwarz.

12.Sd3-c1 Sc5-b3
13.Td2-d6 c6xb5
14.c4xb5 Lc8-e6
15.Le2-d3 Tf8-c8
16.Kd1-e2 Da1-b2†
17.Ke2-f3 Sb3xc1
18.Te1xc1 Tc8xc1
19.De3xc1 Db2xc1
20.Lf4xc1 Lg7-e5 0:1.

Ermüdung und Überlastung der Abwehrkräfte

Die Ermüdung und die Überlastung der Abwehrkräfte kann einerseits infolge der Serie von taktischen Schlägen, andererseits aber auch dann eintreten, wenn die strategischen Pläne des Verteidigers vereitelt werden und die Partie in plötzlichem Übergang auf taktisches Gebiet gelenkt wird.

Für diese kritischen Situationen ist es kennzeichnend, daß sie oft die Grenzen der Strategie und der Taktik gleichermaßen streifen.

Wie immer auch diese taktischen Situationen zustande gekommen sein mögen, muß man die sich darbietende Gelegenheit zur Entscheidung sofort ergreifen, damit die gegnerischen Kräfte die durch die Erschöpfung verursachte Krise nicht überstehen können.

Ablenkung

Nach dem strategischen Versagen ist eines der charakteristischsten Symptome des Nachlassens der Abwehrkräfte, daß ein entscheidendes Feld nur von ungenügenden Kräften verteidigt wird. In diesem Fall vermag der Angreifer einen taktischen Schlag mit dem Zweck durchzuführen, die den schwachen Punkt deckenden Figuren zwangsläufig, sogar um den Preis von Opfern abzulenken. Sehen wir uns einige Beispiele aus der jüngsten Meisterpraxis für diese taktische Situation an.

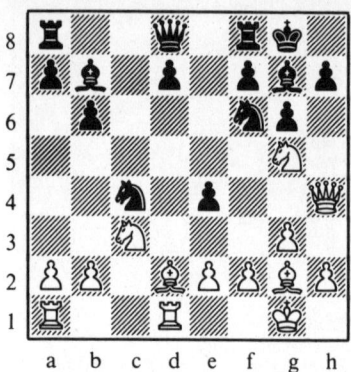

Diagramm Nr. 39

Am Damenflügel hat sich der Nachziehende auf Abenteuer von zweifelhaftem Wert eingelassen, während das auf h7 drohende Matt nur durch den Sf6 gedeckt ist. Prüfen wir also, wie dieser Sf6 abgelenkt werden könnte.

Beachtung verdienen die Felder e4 und d5, von denen aus der weiße Damenspringer solch eine Ablenkung versuchen kann. Der Anziehende verfügt aber auch über eine perspektivische taktische Drohung: Wird das Feld c3 infolge irgendeiner Kombination frei, so kann der weiße Läufer durch die Besetzung des Punktes c3 den Sf6 unmittelbar angreifen.

Auf diese Elemente hatte Weiß die Ablenkungsmanöver zu gründen.

1.Lg2xe4!

Den fianchettierten Läufer tauscht man im allgemeinen nicht gerne. Hier muß jedoch der Lb7 vorerst abgetauscht werden, damit Weiß die vom schwarzen Damenläufer (Lb7) ausgeübte Kontrolle der Felder e4 und d5 aufheben und den Angriff auf den Sf6 mit seinem Damenspringer von einem der fraglichen Felder (e4 und d5) aus einleiten kann.

1. . . .   d7-d5

Auf diesen Zug hat Adorján große Hoffnungen gesetzt.

1. . . .Le4:?? 2.Se4: h6 3.Sf6:† Df6 4.Dc4: hg5: 5.Lc3 hätte freilich ein für Weiß gewonnenes Endspiel ergeben.

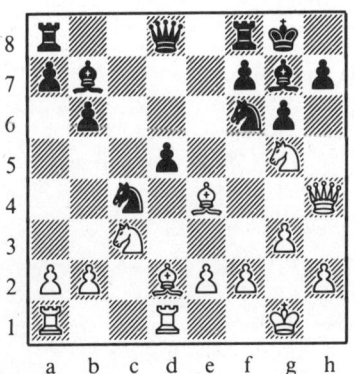

Diagramm Nr. 40

2.Le4xd5!!

So wird auch der Td1 zur Einlenkungsaktion hinzugezogen!

2. . . .   Lb7xd5

3.Sc3xd5   h7-h6

Eine traurige Notwendigkeit. Auf 3. . . .Dd5:?? würde 4.Lc3! mit Doppelangriff sogleich entscheiden.

4.Sd5xf6†   Dd8xf6

5.Dh4xc4   h6xg5

6.Ld2-c3!

Provoziert weitere Tausche und deutet so an, daß sich das nach der

Vereinfachung entwickelnde Endspiel für Weiß mit einfachen technischen Mitteln gewinnen ließe.

6. . . .   Df6-e7

Wählt das kleinere Übel. Nach 6. . . .Df5? wäre 7.Lg7: Kg7: 8.Td5! für Schwarz verhängnisvoll. Adorján opfert eher eine Qualität.

7.Ld2-b4   De7-e5

Falls 7. . . .Tfc8??, so 8.Dc8:†! mit Turmgewinn.

8.Lb4xf8   Ta8xf8

9.Td1-d2

Schwarz stellte nach einigen Zügen den sinnlosen Widerstand ein, 1:0. Ein interessantes Beispielzwillingspaar haben wir zur Verfügung, um illustrieren zu können, daß im Falle eines strategischen Versagens auch mehrere Ablenkungsmethoden in Betracht kommen können.

Donner – Portisch
Olympiade, Skopje 1972

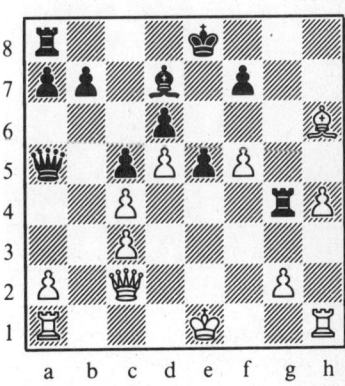

Diagramm Nr. 41

Den aus strategischem Blickwinkel lebenswichtigen Punkt c3 hat Weiß mit der Dame gedeckt. Es folgte:

1. . . .	Ld7xf5!

Lenkt die Schutzfigur ab!

2.Dc2xf5	Da5xc3†
3.Ke1-f2	Dc3-b2†
4.Kf2-e3	Tg4xg2

Gegen das Matt ist kein Kraut gewachsen. Weiß gab auf; 0:1.

Das Interessante am Zwilling des obigen Beispiels besteht darin, daß Donner nach einem Jahrzehnt diese Stellung wieder übernahm, jedoch mit der Verbesserung, daß er den Punkt c3 jetzt nicht mit der Dame, sondern mit dem Damenspringer schützte.

Donner – Timman
Amsterdam 1981
Timman stellte eine andere Methode der Ablenkung zur Schau.

Diagramm Nr. 42

1. . . .	g5-g4!

Timman lenkt zunächst den weißen Bf3 ab, damit der Vorstoß seines e-Bauern nicht mehr gehindert wird.

2.f3xg4

Diagramm Nr. 43

Verwirklicht nun das zweite Ablenkungsmanöver:

2. . . .	e5-e4!
3.Ld3-e2	e4-e3

Der Bauer stößt vor und zerstört das weiße Heer.

4.Ld2xe3	Da5xc3†
5.Ke1-f2	

5.Ld2? Dg3† 6.Kf1 Se4 7.Le1 Df4†

5. . . .	h6-h5!

Zerreißt die weiße Bauernformation und öffnet zugleich die g-Linie.

6.g4xh5

Oder 6.Tc1 Se4† 7.Kf3 hg4:† 8.Ke4: Lf5:†! 9.Kf5: De5† 10.Kg4: Tg8† 11.Kf3 Dg3† 12.Ke4 0-0-0

6. . . .	Sf6-e4†
7.Kf2-f3	Ld7xf5
8.Le2-d3	Th8-g8!
9.Ld3xe4	Lf5-g4†
10.Kf3-f2	Lg4xd1
11.Ta1xd1	0—0—0
12.Le4-f5†	Kc8-c7
13.h5-h6	Dc3-f6 0:1.

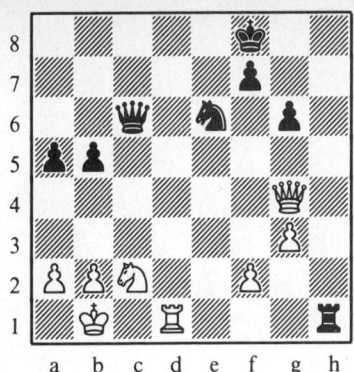

Diagramm Nr. 44

Grószpéter – Forintos
Ungarn 1979
1. ...   Dc6-e4!!
2.f2-f4   f7-f5 0:1.
Die ablenkende Figur ist hier die
Dame.

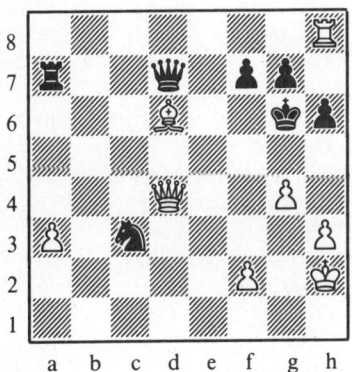

Diagramm Nr. 45

Faragó – Bellin
Lodz 1980
Hier wird die Ablenkung mit dem
Turm vorgenommen.
1.Th8-d8!

Auf 1. ...Dd8: 2.Dd3† Kg5 3.Df5†
Kh4 4.Dh5 matt. Schwarz gab auf;
0:1.

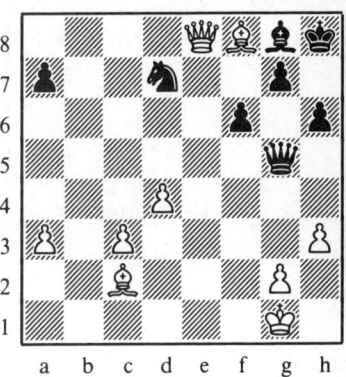

Diagramm Nr. 46

F. Portisch – Csom
Ungarn 1979
Schwarz meinte, daß er sich gerettet
hätte. Das ablenkende Läuferopfer
hebt aber die Drohung des Dauer-
schachs auf.
1.De8xd7!!   Dg5-c1†
2.Lc2-d1!!
Auf 2.Kh2?? käme 2. ...Df4† mit
ewigem Schach. Nun auf 2. ...Dd1:
3.Kh2 hat Schwarz keine Antwort
mehr. Schwarz gab auf; 1:0.
In der folgenden Partie versuchte
der Anziehende durch Mattdro-
hungen der weißen Dame auf der
großen Diagonale seine Streitkräfte
zu entlasten, während der weiße
Turm auf der 2. Reihe das drohende
Matt parierte.

(s. Diagramm Nr. 47 nächste Seite)

Cuartas – Lobron
Biel 1981
1. ...   Lh6-e3†!!

Diagramm Nr. 47

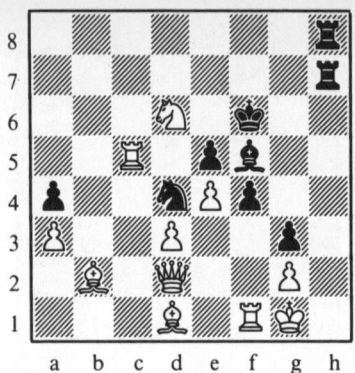

Diagramm Nr. 48

Der als Opfer gebrachte schwarze Läufer muß geschlagen werden. Wird er aber, ob von der Dame oder dem Turm, genommen, muß in beiden Fällen eine der weißen Figuren ihren wichtigen Wachposten verlassen und die weiße Verteidigung zusammenbrechen lassen. Statt der Textfortsetzung standen dem Nachziehenden nur zweischneidige Alternativen zur Verfügung, wie z. B. 1. . . .Lf1:? 2.hg4:! oder 1. . . .Lh3:? 2.Kh2 mit unklarem Spiel.

2.Dc3xe3
2.Te3: Lf1:† 3.Tg3 Tg3:† 4.Dg3: Tf3 5.Df2 Th3:, —+.

2. . . .	**Lg2xh3†**
3.Kg1-h2	**Lh3xf1**
4.Te2-f2	**Tg4-g2†!! 0:1.**

(s. Diagramm Nr. 48 rechts oben)

Káposztás – Pirisi
Ungarn 1979
Weiß ist von Matt bedroht, darum muß er durch Ablenkungsopfer seine Befreiung erzielen.

1.Sd6-e8†   **Kf6-g6**
a) 1. . . .Te8:? 2.Ld4:, +—.
b)1. . . .Kg5?? 2.Df4:† ef4: 3.Tf5:† Kg6 4.Th5! (4.Lh5†?? Th5: 5.Th5: Se2†!! 6.Kh1 Th5: matt) 4. . . .Th5: 5.Lh5:† Kh5: 6.Ld4:, und Weiß gewinnt.

2.e4xf5†	**Kg6-g5**
3.Dd2xf4†!!	**e5xf4**
4.f5-f6†	**Kg5-g6**
5.Tc5-h5!	

Auf 5.Lh5†?? folgt 5. . . .Th5: 6.Th5: Se2† 7.Kh1 Th5: matt.

5. . . .	**f4-f3**
6.Th5xh7	**f3-f2†**
7.Tf1xf2	**g3xf2†**
8.Kg1xf2	**Kg6xh7**
9.f6-f7 1:0.	

Hinlenkung

Die Hinlenkung ist ein taktisches Manöver, das den Verteidiger — selbst um den Preis eines Materialopfers — in eine nachteiligere Stellung zwingt, in der er einem erneuten, nunmehr verhängnisvollen taktischen Schlag ausgesetzt sein wird. Die Hinlenkung ist ein oft vorkommendes Element der Kombinationen. Es lohnt sich also, ihre Eigenarten kennenzulernen.

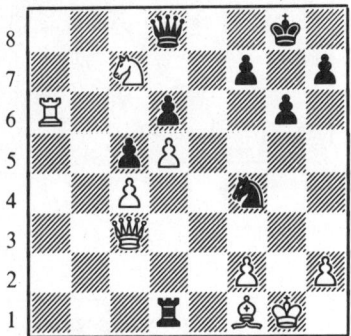

Diagramm Nr. 49

Flesch – Robatsch
Montreux 1977
Diese Stellung ist der Wendepunkt einer weit vorausberechneten Kombination. Schwarz hat durch die Doppeldrohung Se2† und Dg5† den Kampf scheinbar zu seinen Gunsten entschieden.
Mit dem folgenden feinen Angriffszug versieht Weiß die notwendigen Verteidigungsaufgaben und leitet zugleich auch ein Hinlenkungsmanöver ein.
1.Dc3-f6!
Die Dame verließ das vom Se2† bedrohte Feld c3. Da sie der schwarzen Dame die Diagonale nach g5 versperrt, wird Schwarz zur nachteiligen Aufstellung Df6-Kg7 genötigt.

1. ...	Dd8xf6
2.Ta6-a8†	Kg8-g7
3.Sc7-e8†	Kg7-h6

4.Se8xf6   Kh6-g5
5.Sf6xh7   +—
In der Partie setzte Weiß mit 5.Se4†? fort und nach 5. ...Kg4! kam Schwarz zu guten Remischancen.
In unserem folgenden Beispiel ist der weiße Sturm scheinbar steckengeblieben. Der Anziehende lenkt aber den Sf6 auf die offene h-Linie hin, um dort diese äußerst wichtige Schutzfigur beseitigen zu können. Das Merkwürdige ist hier, daß die Hinlenkung später in einer anderen Form wiederholt wird.

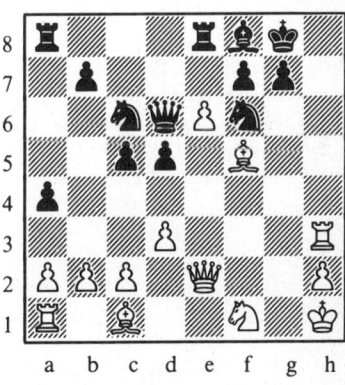

Diagramm Nr. 50

Gutman – B. Lengyel
Biel 1981

1.Lf5-h7†	Sf6xh7
2.De2-h5	f7xe6
3.Dh5xh7†	Kg8-f7
4.Lc1-g5	Sc6-e7
5.Sf1-e3	Te8-c8
6.Ta1-f1†	Kf7-e8

(s. Diagramm Nr. 51 nächste Seite)
Als ob Schwarz durch Königswanderung mit heiler Haut davonkommen könnte. Weiß zwingt den gegnerischen König mit einer neuerlichen Hinlen-

Diagramm Nr. 51

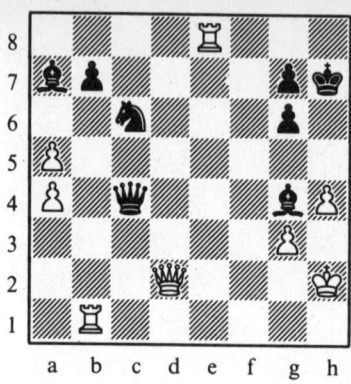

Diagramm Nr. 52

kung zurück und zieht inzwischen auch mit den Schutzfiguren.

7.Tf1xf8†!!	Ke8xf8
8.Lg5xe7†!	Dd6xe7
9.Dh7-h8†	Kf8-f7
10.Th3-f3†	Kf7-g6
11.Tf3-g3†	Kg6-f6
12.Dh8-h4†	

a) 12. ...Kf7 13. Tg7:†!! Kg7: 14. De7:, ±.

b) 12. ...g5 13.Dg5:† Kf7 14.Dg6† Kf8 15.Dg8, #. Schwarz gab auf. 1:0.

In dem folgenden schönen Beispiel kann die opferbereite Dame auf zweifache Weise geschlagen werden, aber in beiden Fällen nur um den Preis eines Matts.

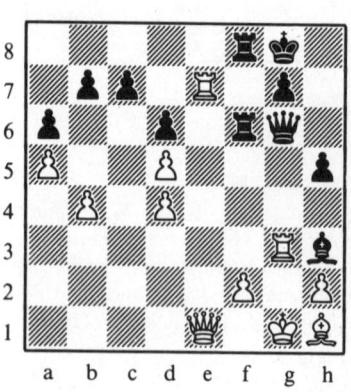

Diagramm Nr. 53

(s. Diagramm Nr. 52 rechts oben)

N. Popow – Nowopaschin
Bjelzi 1979

1.Dd2-h6†!!	1:0

Rogoff – Portisch
Interzonenturnier, Biel 1976

1. . . .	h5-h4!!
2.Te7xg7†	Kg8xg7 0:1

(s. Diagramm Nr. 54 nächste Seite)

A. Chéron, 1970
Fassen wir nun eine künstlerische Studie ins Auge, die das Wesen der Hinlenkung vortrefflich verdeutlicht. Das Interessante an der Lösung ist,

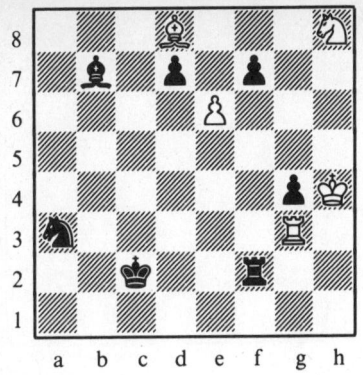

Diagramm Nr. 54

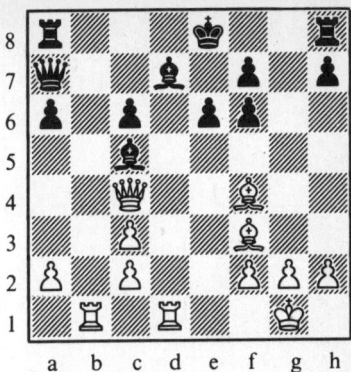

Diagramm Nr. 55

daß Weiß seinen Turm zwölf Mal zwecks Hinlenkung anbietet.

1.e6xd7!!
Der Schlüsselzug!

A)

1. ...	Tf2-d2
2.Tg3-c3†!!	Kc2-d1!
3.Tc3-c1†	Kd1-e2
4.Tc1-e1†	Ke2-f3
5.Te1-e3†	Kf3-g2

Oder 5. . . .Kf4 6.Lg5† Kf5 7.Te5†! Ke5: 8. Ld2:, und Weiß gewinnt.

| **6.Te3-e2†** | Td2xe2 |
| **7.Ld8-a5!!** | |

Eine schöne Sackgasse:
7.Lg5? Kf3! 8.Le3 f6! 9.Kh5 Th2† und wendet das Blatt.

B)

| 1. ... | Tf2-h2† |
| **2.Kh4xg4** | Lb7-d5 |

2. . . .Th8: 3.Lf6 Ta8 4.Ta3:, ±.

3.Tg3-c3†	Kc2-b1
4.Tc3-c1†	Kb1-a2
5.Tc1-a1†	Ka2-b3
6.Ta1xa3†	Kb3xa3
7.Ld8-e7†	

Und Weiß gewinnt.

Olafsson – Quinteros
Las Palmas 1974

1.Td1xd7!!	Ke8xd7
2.Lf3xc6†!!	Kd7xc6
3.Dc4-a4†	

Auf 3. . . .Kd5 käme 4.Td1† usw. mit Matt.
Schwarz gab auf. 1:0

Die jetzt folgenden und immer schwerere Aufgaben enthaltenden Diagramme dienen zur Illustrierung der Hinlenkung. Wir untersuchen diese und kontrollieren danach unsere Analysen mittels der in der Spalte der Lösungen angegebenen Varianten (siehe Seite 67).

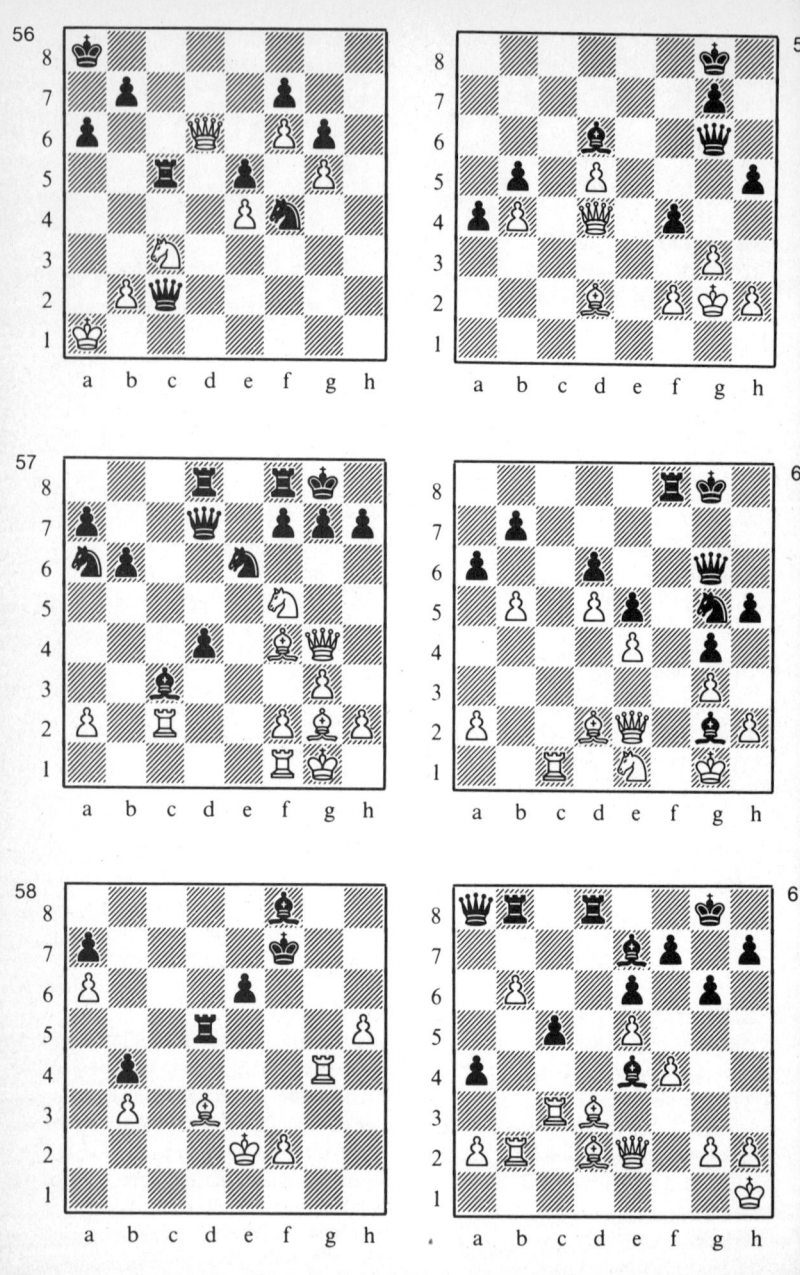

Diagramm Nr. 56

Seirawan – Kortschnoi
Las Palmas 1981
  1.Dd6-f8†!!   Ka8-a7
  2.Df8xc5†   Ka7-a8
2. ...Kb8   3.Df8† und 4.Df7: gewinnt auch.
  3.Dc5-c8†   Ka8-a7
  4.Sc3-b5† 1:0

3.Kf3-e4
3.Df6: gf6: 4.Ke4 a3 5.f4 a2 6.Lc3
Kf7 7.Kf5 Lb4:, und das Endspiel
ist für Schwarz einfach gewonnen.

  3. ...   a4-a3
  4.Dd4-a7   Df6-e5†
  5.Ke4-d3   De5xd5†
  6.Kd3-e3   Dd5-b3†
  7.Ke3-e2   a3-a2
  8.Da7-a8†   Kg8-f7
Weiß gab auf. 0:1.

Diagramm Nr. 57

Szabolcsi – Henttinen
Ungarn 1981
  1.Lg2-c6!
Schwarz gab auf. 1:0

Diagramm Nr. 60

Sznapik – Sax
Bath 1973
  1. ...   Sg5-h3†
  2.Kg1xg2   Dg6xe4†!
  3.De2xe4   Tf8-f2†
  4.Kg2-h1   Tf2-f1†
  5.Kh1-g2   Tf1-g1#

Diagramm Nr. 58

Liberzon – Lombard
Interzonenturnier, Biel 1976
  1.Ld3-g6†
Keine Parade mehr:
a) 1. ...Ke7 2.Tb4:
b) 1. ...Kf6 2.Tf4† Kg7 3.Tf7†
c) 1. ...Kg7 2.Le4†
Schwarz gab auf. 1:0

Diagramm Nr. 61

Liberzon – Larsen
Interzonenturnier Biel 1976
  1. ...   a4-a3
Mit diesem Bauernzug lenkte der
Nachziehende den Turm auf die
Diagonale b1-h7 hin, wo er ihm
bald einen taktischen Schlag versetzen wird.
  2.Tb2-b1   Td8xd3
  3.Tc3xd3   c5-c4
  4.Td3-d7   Le4xb1
  5.Td7xe7   Tb8xb6!
  6.De2xc4   Lb1xa2!
Auf 7.Da2: käme 7. ...Dd5 8.Ta7
Dd2: 9.Da1 Dc2 usw. Weiß gab
auf. 0:1.

Diagramm Nr. 59

Schmidt – Portisch
Olympiade Buenos Aires 1978
Schwarz lenkt den weißen König
auf das Feld f3 hin, wonach der
Damentausch zum entscheidenden
Vorteil für Schwarz ausschlägt.
  1. ...   f4-f3†
  2.Kg2xf3   Dg6-f6†

Doppelangriff

Einer der am meisten angewandten taktischen Schläge gegen die erschöpften Verteidigungskräfte ist der sogenannte Doppelangriff. Um einen Doppelangriff handelt es sich, wenn der Angreifer mit einem einzigen Zug gleichzeitig zwei oder noch mehr Drohungen verwirklicht, welche die überlastete Verteidigung zumeist nicht parieren kann.

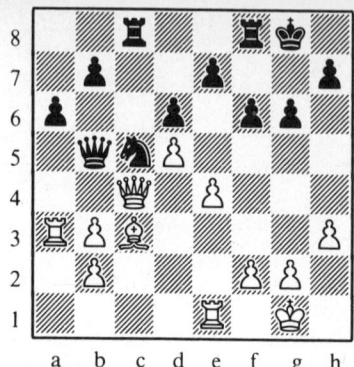

Diagramm Nr. 63

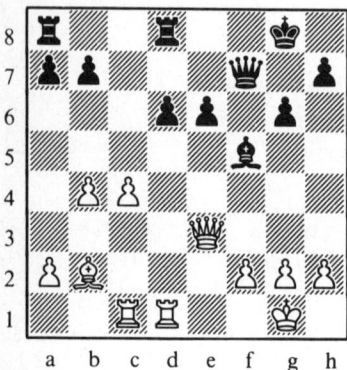

Diagramm Nr. 62

Glatt – Dr. Lehmann
Ungarn 1981
1.g2-g4!
Und das Spiel nach 1. . . .Lg4: 2.Dd4! wäre einfach gewonnen. Schwarz gab auf. 1:0.

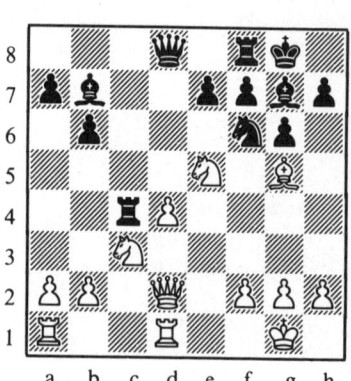

Diagramm Nr. 64

Galeb – Sax
Olympiade Skopje 1972
1. . . .   **Tc4xc3!**
2.Dd2xc3
2.Lf6:? ef6:!!, und Schwarz gewinnt.
2. . . .   **Sf6-e4**
3.Dc3-e3   **f7-f6**
Und Schwarz gewinnt. 0:1.

(s. Diagramm Nr. 63 rechts oben)

Emödi – Grószpéter
Ungarn 1981
1. . . .   **Sc5-d3!**
2.Dc4xb5   **a6xb5**
3.Te1-d1   **b5-b4**
Weiß gab auf. 0:1.

(s. Diagramm Nr. 65 nächste Seite)
G. Sirgurjonnsson – Smyslow
Reykjavik 1974

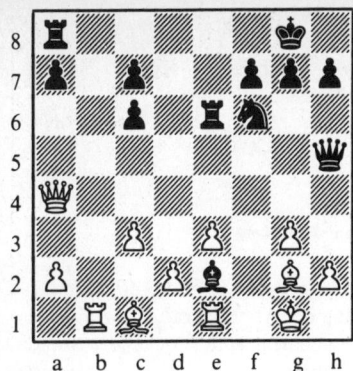

a b c d e f g h

Diagramm Nr. 65

die Kreuzung der Schlagkreise zweier verschiedener Schutzfiguren zu stellen. (Diese Kreuzung heißt dann „Schnittpunkt".) Wird der Eindringling, von welcher Schutzfigur auch immer, genommen, gerät die betreffende Schutzfigur auf den Schnittpunkt und versperrt so als „schädlicher Stein" die Schlagweite der anderen Schutzfigur, die danach ihre Aufgabe nicht mehr zu erfüllen vermag.

Sehen wir diesbezüglich auch Beispiele:

1. . . .	Sf6-g4!

2.h2-h3

Oder 2.Te2: Dh2:† 3.Kf1 Tf6†, und Schwarz gewinnt.

2. . . .	Dh5-f5!
3.Te1xe2	Df5xb1
4.Da4xg4	Db1xc1†
5.Kg1-h2	Ta8-d8
6.Dg4-b4	h7-h6
7.c3-c4	Dc1-d1
8.Te2-f2	Dd1-e1

Weiß gab auf. 0:1.

Sperre

Die überlastete, überspannte Verteidigung vermag die aus verschiedenen Richtungen kommenden Drohungen nur auf die Weise zu parieren, daß die Schlagweiten, die Aktionsradien, der Schutzfiguren einander kreuzen. Diese können die im Wege stehenden feindlichen Steine freilich schlagen. Unheil wird jedoch angestiftet, wenn es dem Angreifer gelingt, einen zu opfernden Stein (zumeist eine Figur) in

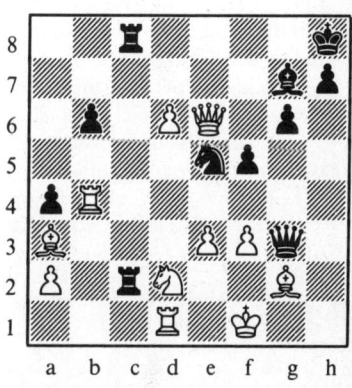

a b c d e f g h

Diagramm Nr. 66

Larsen – Castro
Interzonenturnier, Biel 1976
  1.Tb4-c4!!
Schwarz gab auf. 1:0.

(s. Diagramm Nr. 67 nächste Seite)
Timman – Hübner
Wijk aan Zee 1982
  1.Sf4-e6!!
1.Sf8†? Df8: 2.De4: f5, =. Schwarz gab auf. 1:0.

Die Sperre begeistert nicht nur die Autoren der künstlerischen End-

69

Diagramm Nr. 67

spielstudien, sondern wir finden auch in den praktischen Partien studienartige Sperrungsmanöver. Unser folgendes Beispiel zeigt eine Eventualstellung von den Nebenvarianten einer Partie Flesch — Koszorús, die im Werk „Schach im Turnier" des Verfassers ebenfalls zu finden ist.

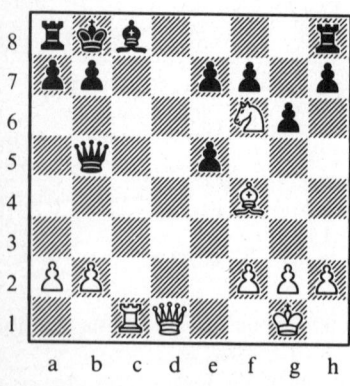

Diagramm Nr. 68

1. Dd1-d7!!
Es ist kein Druckfehler!

Die Lösung:
a) 1. . . .Dd7: 2.Sd7:† Ld7: 3.Le5:#.
b) 1. . . .a6 2.Dc7† Ka7 3.Le3† Db6 4.Lb6:#.
c) 1. . . .Da5 2.Dc8:† Tc8: 3.Sd7#.
d) 1. . . .Ld7: 2.Le5:† De5: 3.Sd7#.

Die Blockade

Eine andere Methode, die Erschöpfung der Abwehrkräfte auszunutzen, liegt darin, eine Blockade zustande zu bringen, die die Verteidigung knebelt:

Sinkovics – Flesch
Ungarn 1982

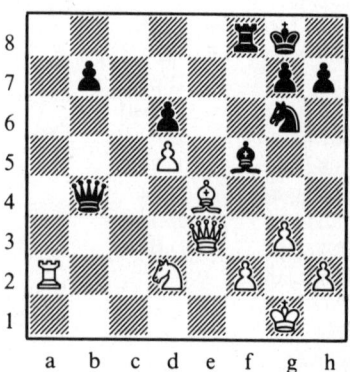

Diagramm Nr. 69

1. . . .   **Tf8-e8**
Erzwingt durch Fesselung die Veränderung der weißen Bauernformation, so daß dadurch eine Blockade ermöglicht wird.
2.f2-f3   **Lf5xe4**
3.f3xe4
Auf 3. Se4:?? gewinnt Db1†! einen Turm.
3. . . .   **Sg6-e5!**

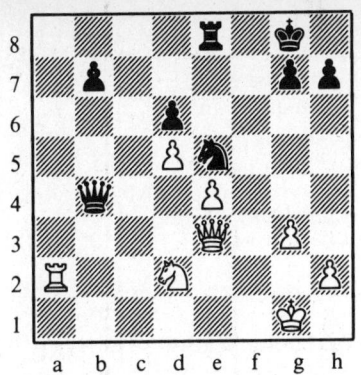

Diagramm Nr. 70

So ist die Blockade zur Wirklichkeit geworden!
Der schwarze Springer auf dem Punkt e5 macht die Stellung des Anziehenden unhaltbar. Schwarz hat praktisch einen Mehrbauern; mit Rücksicht auf die Schwäche des Punktes f3 und auf die offene f-Linie sind die weißen Streitkräfte lahmgelegt. Der Schluß ist lehrreich:

4.h2-h3   Te8-f8
5.Kg1-g2
5.Sf1?! Tf1:† 6.Kf1: Db1† 7.Kg2 Da2:, ∓.
5. . . .   Db4-b5
6.Ta2-c2   Db5-a4!
7.Tc2-c1
7.Tc7? Dd1 8.Tb7:? Sc4 9.Sc4: Df1†, ∓.
7. . . .   h7-h6
8.Tc1-f1   Tf8xf1
9.Kg2xf1   Da4-d1†
10.Kf1-f2   b7-b5
11.g3-g4   b5-b4
12.g4-g5   Dd1-c2
13.Kf2-f1   h6xg5
14.Sd2-b3

14.Dg5: Dd3† 15.Ke1 Dd2:†!!, ∓.
14. . . .   Se5-d3
15.Sb3-d4   Dc2-b1†
16.Kf1-e2
16.Kg2 Sf4† 17.Kg3 Db2† 18.Df2 Dd4:!!, ∓.
16. . . .   Sd3-f4†
17.Kg2-f3   Db1-f1†
18.Kf3-g4
18.Df2 Dh3:† 19.Dg3 Df1† 20.Df2 g4†, ∓.
18. . . .   Df1-g2†
19.Kg4-f5   Kg8-f7
Es droht mit g6 matt!
Weiß gab auf. 0:1.
Die Blockade kann auch in der Form verwirklicht werden, daß die Lage der Verteidigungskräfte einem Zugzwang nahekommt.

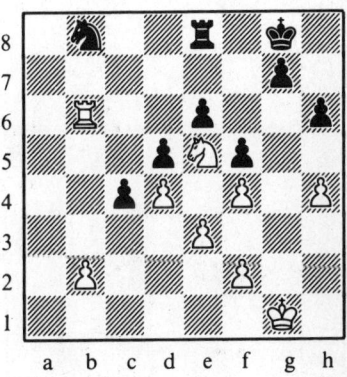

Diagramm Nr. 71

Pintér – Padewski
Plowdiw 1979
1.h4-h5!
Der Kampf ist schon entschieden, weil der weiße König ohne jegliche Hindernisse aufmarschieren kann.
Schwarz gab auf. 1:0.

71

Zugzwang

Im Schachspiel ist der Zug nicht nur ein Recht, sondern auch eine Pflicht. Es gibt überlastete Verteidigungsstellungen, in denen die Schutzfiguren in der gegebenen Position gerade noch Widerstand zu leisten vermögen. Hat die Verteidigung ihre Elastizität verloren, bringt eine Änderung der bestehenden Verhältnisse einen Zusammenbruch der Stellung mit sich. In solch einem Falle ist es zumeist ausreichend, wenn die angreifende Partei das „Zugrecht" der anderen Seite überträgt, was in der Regel mittels eines Tempoverlustes geschehen kann.

In den des Zugzwanges verdächtigen Stellungen kann der Angreifer seine Zwecke in der Regel natürlich auch auf verschiedene Art erreichen. Sehen wir auch davon eine Kostprobe:

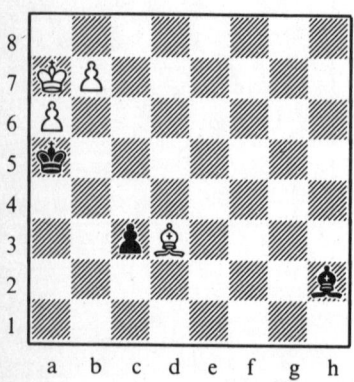

Diagramm Nr. 72

Spasski – Milic
Belgrad 1964
1.b7-b8D!!   **Lh2xb8†**

2.Ka7-b7!!
Auf 2. Kb8:? käme 2. . . .c2! 3.Lc2: Ka6: Remis.
Wegen Zugzwang gibt es keine Parade mehr!
Z. B. 2. . . .c2 3.Lc2: Kb5 4.Ld3† Ka5 5.Lf1 und wiederholter Zugzwang. Schwarz gab auf. 1:0.

Taktische Waffen in der psychologischen Kriegführung

Schach ist ein Kampfspiel. Im modernen Turnierspiel strebt man den Sieg nicht nur aufgrund strategischer und taktischer Pläne an, sondern setzt auch die Mittel der psychologischen Kriegsführung ein. Prüfen wir nun einige von denen, die im Rahmen der Sportlichkeit angewandt werden dürfen.

Ablenkung der Aufmerksamkeit

Eine Möglichkeit der psychologischen Kriegsführung im Schachspiel besteht darin, die Aufmerksamkeit des Gegners zu verringern, bzw. abzulenken. In unserem folgenden Beispiel hatte der Anziehende den Fehler ins Gehirn seines Gegners „einprogrammiert", wie die Anwesenden scherzhaft feststellten.

(s. Diagramm Nr. 73 nächste Seite)

Csom – Schaufelberger
Olympiade Skopje 1972
Trotz einer langandauernden Mas-

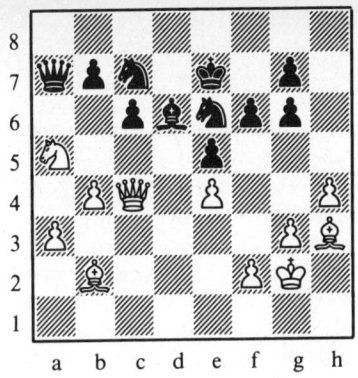

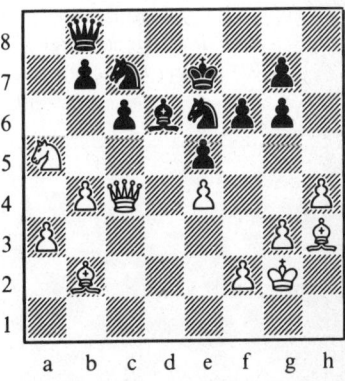

8 ♛ ♞ ♛
7 ♛ ♟ ♞ ♛ ♟
6 ♟ ♝ ♞ ♟
5 ♘ ♟
4 ♙ ♕ ♙ ♙
3 ♙ ♙ ♗
2 ♝ ♙ ♔
1

a b c d e f g h

Diagramm Nr. 73

sierung der Kräfte vermochte Weiß keinen Vorteil zu erlangen. Schaufelberger sah, daß seine Verteidigung massiv genug war, und trachtete danach, an seiner Position nichts Wesentliches zu ändern, bis die Partie abgebrochen wird. Sein passives Warten bestand in der Hin- und Herbewegung seiner Dame (Db8-a7-b8 usw.).

Aus der Diagrammstellung ist ersichtlich, daß der Versuch 1.Dc6:? an der Erwiderung 1. ...Da5!! scheitert. Deshalb brachte Csom eine Lage zustande, in der Schwarz in der Diagrammstellung am Zuge ist. Das war mittels Tempoverlustes zu verwirklichen.

1.Dc4-b3   Da7-b8
2.Db3-a2   Db8-a7

Csom war bewußt, daß nur noch ein Zug vor der Zeitkontrolle zu machen ist.

Deshalb nutzte er seine Bedenkzeit fast völlig aus.

So wurde der Gegner irregeführt. Er dachte, daß Csom von der Zeit-

not zur Zugwiederholung genötigt wäre.

3.Da2-c4

Schwarz glaubte, daß er unter Zeitdruck mit einem in der Partie schon unzählige Male gemachten Damenzug eine mit der Diagrammstellung identische Stellung zustandebringen könnte.

3. . . .   Da7-b8

Die Stellung ist tatsächlich identisch, aber mit dem Unterschied, daß nun nicht Schwarz, sondern Weiß am Zuge ist!

Diagramm Nr. 74

4.Dc4xc6!!

Das psychologische Manöver der Ablenkung der Aufmerksamkeit ist gelungen.

Schwarz gab auf. 1:0.

Die Falle

Das Stellen einer Falle ist ein bekannter Versuch und gleichfalls eine psychologische Waffe, denn es fesselt die Aufmerksamkeit des Gegners, bzw. lenkt seine Aufmerksamkeit von dem wahren taktischen Schlag ab.

Die Falle unterscheidet sich von der eigentlichen Kombination darin, daß die Falle nicht von zwingendem Charakter ist, d. h. der Gegner der Falle ohne jeden Nachteil entkommen kann.

Die Partei, welche eine Falle stellt, rechnet mit Fehlern ihres Gegners. Daraus folgt aber bei weitem nicht, daß stärkere Spieler nicht in eine Falle geraten können.

Als Beispiel führen wir die Partie zwischen zwei Weltmeistern an, wo Schwarz mit seinem arglosen Zug La5?? in die Falle gegangen ist.

Der Trick

In nervenaufreibenden Schachkämpfen werden auch des öfteren Tricks als psychologische Waffen angewandt. Ein Trick weicht von einer Falle dadurch ab, daß der Trick im Falle der richtigen Erwiderung des Gegners einen Nachteil für diesen zur Folge hat. Steht die eine Seite auf Verlust, so sollte sie vor dem Risiko freilich nicht zurückschrecken. Mit einem Trick, z. B. als letztem Versuch vor dem Aufgeben der Partie, kann man das Blatt eventuell wenden.

So geschah es bei dem folgenden Beispiel eines typischen Tricks:

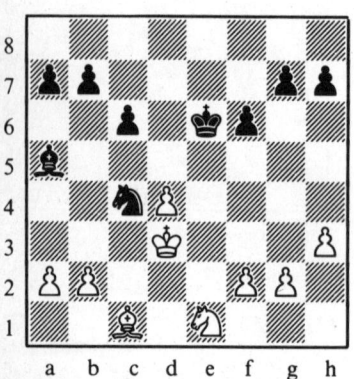

Diagramm Nr. 75

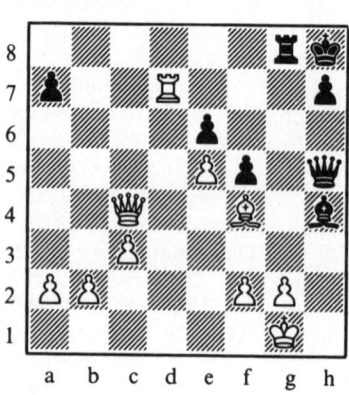

Diagramm Nr. 76

Lasker – Euwe
Nottingham 1936
1.b2-b4!!
und Weiß gewann. 1:0.

Sznapik – Sax
Olympiade Skopje 1972
Schwarz ist offensichtlich verloren, deshalb wäre es ihm nicht zu verdenken, wenn er die Partie aufgäbe. „In solch einer Situation kann uns nur der Gegner helfen", sagen die Berufsspieler. Auch Sax verließ sich darauf und opferte selbstsicher sei-

nen Läufer gegen einen Bauern und ein „Probeschachgebot".

1. . . .   Lh4xf2†
2.Kg1xf2   Dh5-h4†
3.g2-g3??

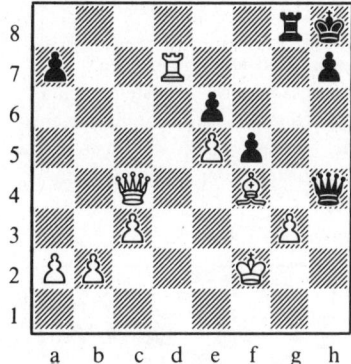

Diagramm Nr. 77

Sznapik dachte, daß der Gewinn nur noch eine Sache der „Fingerfertigkeit" wäre. Deswegen hat er die Antwort des Nachziehenden übersehen. Statt des Textzuges hätte das einfache 3.Kg1! Def1† 4.Df1 oder 3.Kg1 Tg4 4.Td4 die Mehrfigur und den Gewinn für Weiß gesichert.

3. . . .   Tg8xg3!!

Weiß beachtete zwar die Antwort, rechnete aber damit, daß er im Falle eines Turmopfers seinen Läufervorteil behaupten könne.

4.Td7-d8†

(s. Diagramm Nr. 78 rechts oben)

In der Zeitnot erlag Sznapik dem Irrtum, daß er nach 4. . . .Dd8: den Tg3 mit 5.Lg3: zurückschlagen könnte. Er griff schon nach dem schwarzen Turm, aber Sax hob ihn blitzschnell auf und zog ihn auf die Grundreihe zurück:

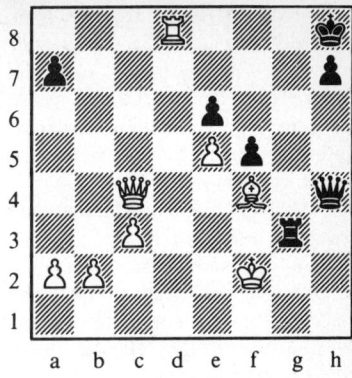

Diagramm Nr. 78

4. . . .   Tg3-g8†!!

Deckt das Schachgebot und bietet noch dazu ein „Gegenschach"! Weiß gab auf. 0:1.

Der Zwischenzug

In der Turnierpraxis kommt es des öfteren vor, daß die sogenannten Zwischenzüge eine große Überraschung bereiten und dadurch eine psychologische Krise auslösen.

Der Zwischenzug ist also eine gefährliche Waffe der psychologischen Kriegführung. Es ist kennzeichnend für ihn, daß er mit einer verborgenen Gesetzmäßigkeit des Schachs im Einklang steht. So ist der Zwischenzug ein korrekter Zug. Aber gerade wegen seiner Verborgenheit und Eigenartigkeit kann er unserer Aufmerksamkeit und unserem Argwohn entgehen, während wir taktische Pläne schmieden. So ist der Zwischenzug ein von den bisher geprüften Zusammenhängen der Partiestellung meistens abgesonderter Zug, der den überraschten Gegner aus dem Gleis werfen kann. Als Folge kann der betreffende Spieler sein Selbstvertrauen verlieren, und auch seine Manöver werden in der Regel verwirrt sein.

Im Verlauf der psychologischen Kriegführung sollten wir uns bemühen, mit möglichst vielen Zwischenzügen den Gegner zu überraschen, bzw. nicht in Panik zu geraten, wenn der Gegner einen Zwischenzug macht.

Eine oft vorkommende Art des Zwischenzuges besteht darin, daß das dem Schlagen folgende — und sonst erwartete und als natürlich angesehene — Zurückschlagen ausbleibt.

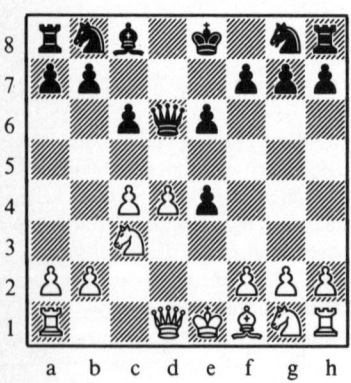

Diagramm Nr. 79

Miles – Dr. Tröger
Köln 1982
In diesem Fall erobert Weiß mit einem Zwischenzug den wichtigen Punkt d6 für seinen Springer, wodurch die schwarze Königsstellung zugrundegerichtet wird.

1.c4-c5!	**Dd6-e7**

Auf 1. ...Df4 käme 2.g3 Df5 3.Lh3 usw. mit deutlichem Vorteil von Weiß.

2.Sc3xe4	**Sg8-f6**
3.Se4-d6†	**Ke8-d8**
4.Sg1-f3	**Sf6-e8**
5.Sd6-c4	

Und Weiß steht überlegen.

In unseren drei nachstehenden Beispielen geschieht je ein überraschender Zwischenzug — anstelle des Wegziehens der angegriffenen Figur.

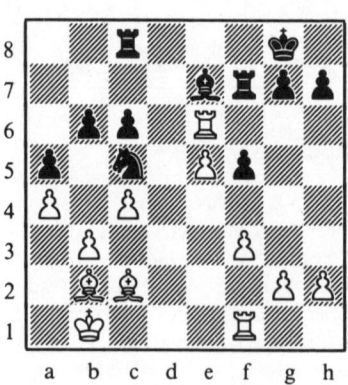

Diagramm Nr. 80

Csom – Sanquinetti
Interzonenturnier Biel 1976

1.Lc2xf5!	**Tc8-c7**
2.Lf5-h3	**Sc5xb3**
3.Tf1-d1!	

Mit klarem Vorteil für Weiß.

(s. Diagramm Nr. 81 nächste Seite)

Ribli – Pomar
Olympiade Buenos Aires 1978

1.De2-f3!!

Und nach 1. ...Kc8 2.Se5 gab Schwarz auf. 1:0.

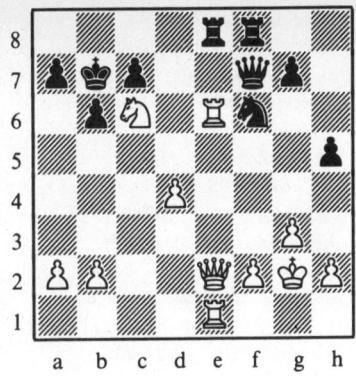

Diagramm Nr. 81

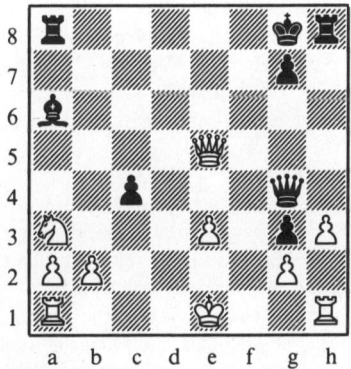

Diagramm Nr. 82

Schweschnikow – Zeschkowski
Frunse 1981

1. . . .   c4-c3!!

Auf das erwartete 1. . . .Dg6? folgt natürlich 2.0-0 c3 3.Dc3: mit klarem Vorteil für Weiß.

2.Sa3-b5

Oder 2.hg4:?? Th1: matt.

2. . . .   c3xb2!
3.De5xb2   Dg4-g5
4.a2-a4   La6xb5 0:1

In der folgenden Musterpartie ver-

schaffte „der Zwischenzug" schon mehrere Male Überraschung.

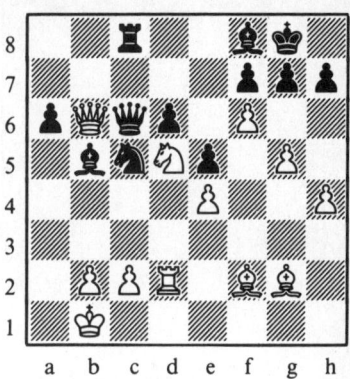

Diagramm Nr. 83

Cuartas – Wirthensohn
Biel 1981

Weiß machte seinen letzten Zug — Db6 — in der Hoffnung, daß er durch Vereinfachung des Spiels den Kampf zu seinen Gunsten entscheiden könne. Nun kam aber der erste Zwischenzug:

1. . . .   Sc5-b3!!
2.Db6-e3   Sb3xd2†
3.De3xd2   g7-g6
4.Lg2-h3   Tc8-b8
5.h4-h5   Dc6-b7
6.h5xg6

(s. Diagramm Nr. 84 nächste Seite)
Jetzt verpaßt Schwarz eine typische Gelegenheit. Der Zwischenzug 6. . . .Lf1!! hätte nämlich eine Figur gewonnen.

6. . . .   f7xg6??
7.b2-b3   a6-a5
8.Dd2xa5!

Auch das ist ein Zwischenzug, dem ein „Gegenzwischenzug" folgt.

8. . . .   Lb5-d3

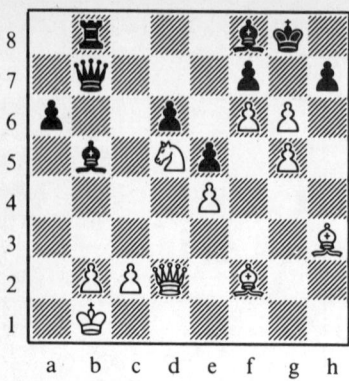

Diagramm Nr. 84

9.Da5-a4!   **Db7xb3†**
9. . . .Ta8 würde mit einem Damen-opfer beantwortet!
10.Da4xb3   **Tb8xb3†**
11.Kb1-c1   **Ld3xc2!**
12.Kc1xc2 Remis

Diagramm Nr. 85

Lein – Kupreitschik
Hastings 1981-82
Die Partiefortsetzung 1.Sg3 Le4 2.Lg7†? führte zum Sieg von Schwarz. Statt dessen hätte Weiß auch hier in der wechselseitigen Zeitnot die psychologische Waffe des Zwischenzuges — sogar auf zweierlei Art — einsetzen können.
A)
1.Se4-f6!   **g7xf6**
1. . . .Sf6:? 2.Sg6†! Kh7 3.Se5†, ±.
2.Dc2-g6   **La7xf2†**
3.Kg1xf2   **Dg4-h4†**
4.Dg6-g3
Mit beiderseitigen Chancen.
B)
1.Se4-g3   **Lg2-e4**
2.Te1xe4!
In der Partiefortsetzung geschah hier Lg7:?. Besser als die Partie-fortsetzung aber wäre
2. . . .   **Dg4xg3†**
3.Kg1-h1   **Dg3-h3†**
Auf 3. . . .Lxf2?? käme 4.Lg7:† Zwischenzug mit entscheidendem Vorteil von Weiß.
4.Kh1-h1   **Dh3-g3†**
Remis durch ewiges Schach.
Sowohl der Angreifer als auch der Verteidiger müssen sich darüber klar sein, daß ein Schachgebot — infolge seines zwingenden Charak-ters — auch als Zwischenzug mit außerordentlich effektvoller Wir-kung zur Geltung kommen kann. Das beweist auch unser Beispiel auf der nächsten Seite.

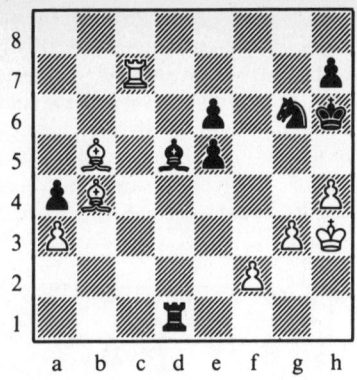

Diagramm Nr. 86

Tukmakow hat sich jetzt darauf besonnen, daß auf das gut scheinende 1.Le2 der Zwischenzug Sf4† mit Dauerschach Th1-Tg1-Th1 usw. folgen kann. In der Absicht, seine Position zu retten, dachte sich Weiß eine Vereinfachungskombination aus, fiel aber einem nicht vorhergesehenen Zwischenzug-Schachgebot zum Opfer.

1.Tc7-c1?? Td1xc1
2.Lb4-d2† Sg6-f4†!! 0:1

Die Rolle des Raumes in der Schachtaktik

Die Rolle der Punkte (Felder)

In der Turnierpraxis ereignet es sich oft, daß ein Punkt aus dem Blickwinkel des Ausgangs der Partie von ausschlaggebender Wichtigkeit ist. Deshalb wird in diesem Falle ein schwerer taktischer Kampf um die Eroberung von solchen Punkten geführt.

Die Räumung des Punktes

Die Räumung und Besetzung je eines Feldes ermöglicht es uns, einer unserer Figuren einen Stützpunkt zu verschaffen. Ein gut nutzbarer Stützpunkt kann die strategischen und taktischen Kraftverhältnisse der Umgebung verändern. Der wichtige Punkt ist oft auch ein Materialopfer wert, wie es im untenstehenden Beispiel gezeigt wird.

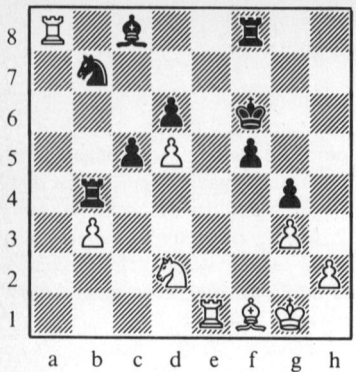

Diagramm Nr. 87

Flesch – L. Portisch
Trainingswettkampf, Budapest 1972
Die Lage von Schwarz scheint kata-stophal. Sein Springer befindet sich in jämmerlicher Position. Sein Läufer ist gefesselt, und der Bd6 ist schwach.
Um den Preis eines Bauernopfers räumt Schwarz aber das Feld c5 und verschafft sich dadurch einen glänzenden Stützpunkt für seinen bisher unglücklich plazierten Sprin-ger.

1. ...	c5-c4!
2.Sd2xc4!	

Im Falle von 2.bc4:? Sc5 hätte Schwarz eine typische Blockade zu-stande gebracht.

2. ...	Tb4xb3
3.Ta8-a6	Tf8-d8
4.Sc4-b6	Lc8-d7!

Deckt den Punkt e6.

5.Sb6xd7	Td8xd7
6.Te1-e6†	Kf6-f7
7.Ta6-a7	Sb7-c5
8.Ta7xd7	Sc5xd7
9.Te6xd6	Sd7-f6!

Durch diese unerwartete Wendung

hat Schwarz Ausgleich errungen, z. B.: 10.Ta6 Tb1! (10. ...Sd5:?? 11.Lc4!) 11.d6 Td1, =.
Im folgenden Beispiel waren die Räumung und die darauffolgende Besetzung des Punktes e4 erfor-derlich, damit Weiß den Druck auf der h-Linie bis zum Sieg steigern konnte.

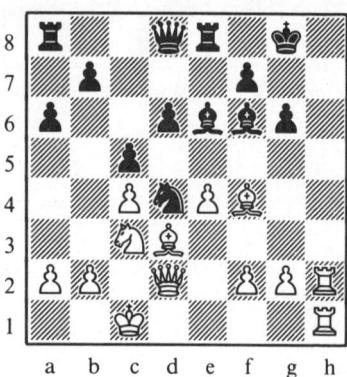

Diagramm Nr. 88

Uhlmann – Petruskin
Leipzig 1980

1.e4-e5!!	d6xe5
2.Lf4-g5!!	Sd4-e2†

Auf die Ablenkung durfte sich Schwarz nicht einlassen, denn nach 2. ...Lg5: 3.Th8† Kg7 4.T1h7† Kf6 wird der weiße Springer auf dem geräumten Punkt e4 erscheinen und den Kampf entscheiden.
Deshalb versucht der Nachziehende ebenfalls eine Ablenkung.

3.Ld3xe2	Lf6xg5
4.Th2-h8†	Kh8-g7
5.Th1-h7†	Kg7-f6
6.Sc3-e4†	Kf6-f5
7.g2-g4†	Kf5-e4
8.f2-f3#.	

Die Räumung des Punktes ermöglichte das entscheidende Eindringen des angreifenden Springers auch in der folgenden Stellung:

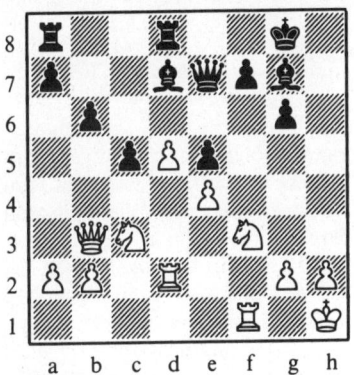

Diagramm Nr. 89

Sax – Donner
Olympiade, Buenos Aires 1978
1.d5-d6! De7-e6
2.Sc3-d5 De6xd6
2. . . .Lh6 3.Se7† Kg7 4.Td5, ±.
3.Sf3-g5 Ld7-e6
4.Db3-g3!!
Gegen die Drohung Dh4 gibt es kein Heilmittel!
Schwarz gab auf. 1:0.

Verstopfung des Punktes

Die Verstopfung eines für den Gegner lebenswichtigen Punktes erfolgt auf taktische Weise, im allgemeinen mit schönen Opferkombinationen, wie es auch in der folgenden Partie zu sehen ist:

(s. Diagramm Nr. 90 rechts oben)
Tal – Portisch
Interzonenturnier, Biel 1976

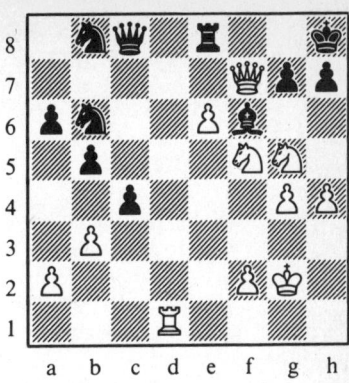

Diagramm Nr. 90

1.Sf5-h6!!
Die Idee des Anziehenden liegt in der Verstopfung des Feldes g8. Es droht 2.Dg8†! Tg8:, wonach der Tg8 als „schädliche Figur" gilt, da er ein sogenanntes „Ersticktes Matt" möglich macht: 3.Sf7.
Schwarz gab auf.

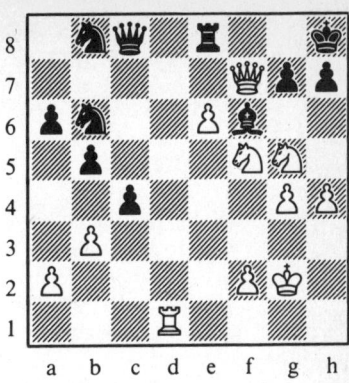

Diagramm Nr. 91

Nunn – Bhend
Olympiade, Buenos Aires 1978
1.b6-b7!!

Durch die Verstopfung des Punktes b7 wird dem König der Weg zur Rettung abgeschnitten.

1 . . .	Sc5-d3
2.De2xe4	Sd3-c5
3.De4-c4	Tb8xb7
4.Tb1xb7 1:0	

Eine Verstopfung ist nicht immer auf den König abgestellt, sondern kann sich auch auf andere Figuren richten, wenn sie z. B. die Gefangennahme einer gegnerischen Figur bezweckt.

In der folgenden Partie verstopfte Schwarz den zum Rückzug des weißen Springers erforderlichen Punkt.

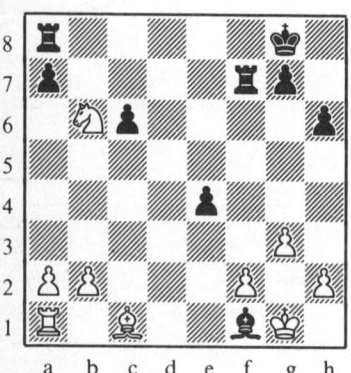

Diagramm Nr. 92

Ghinda – Faragó
Herkulesbad 1982

1. . . .	Ta8-f8!!
2.Lc1-e3	

2.Sa4 oder 2.Kf1: wird gleichermaßen mit 2. . . .Tf2: beantwortet, wonach Schwarz gewinnt.

2. . . .	Lf1-b5!!

Erzwingt den folgenden Bauernzug.

3.a2-a4	Lb5-d3!

Der auf a4 gelangte Bauer wirkt als „schädliche Figur", weil er die Flucht des Springers verhindert. Weiß gab auf. 0:1.

Chronische Schwäche der Felder

Die Plazierung der Schutzfiguren kann infolge des unrichtigen strategischen Aufbaues insoweit unglücklich sein, daß die Mehrzahl der wichtigen Punkte leicht unter die Herrschaft des Angreifers gerät. Besonders oft kann dieser Fall vorkommen, wenn die Verteidigung wegen der ungleichfarbigen Läufer den Ausgleich zu erreichen hofft. Wie wir schon im Kapitel „Reduzierung des Materials" gesehen haben, nehmen die Chancen des Angreifers in solch einem Fall zu. So geschah es auch in der folgenden Partie, in der Weiß in der gegnerischen Stellung chronische, verhängnisvolle Schwächen hervorgerufen hatte, worauf die Verteidigung dann auch zusammenbrach.

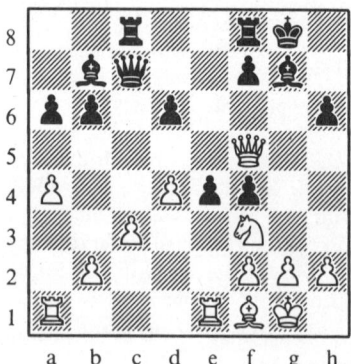

Diagramm Nr. 93

Ribli – Ghinda
Zonenturnier, Herkulesbad 1982

1.Te1xe4!!	Lb7xe4
2.Df5xe4	Tf8-e8
3.De4xf4	Tc8-a8
4.Sf3-h4	Dc7-e7
5.Sh4-f5	De7-f6
6.g2-g3	Lg7-f8
7.h2-h4	

Es stellt sich heraus, daß Weiß sich zu allem Zeit zu nehmen vermag, während Schwarz keine Umgruppierung zur Verbesserung seiner Lage vornehmen kann.

7. . . .	Df6-e6
8.Lf1-g2	Ta8-b8
9.Sf5-e3	Lf8-g7
10.Lg2-c6	Te8-e7
11.Se3-d5	Te8-a7
12.Df4-f3	Kg8-f8
13.Kg1-g2	De6-c8
14.Sd5-f4	Ta7-c7
15.Ta1-e1	Dc8-f5
16.Lc6-e4	Df5-f6
17.Df3-g4	Df6-d8

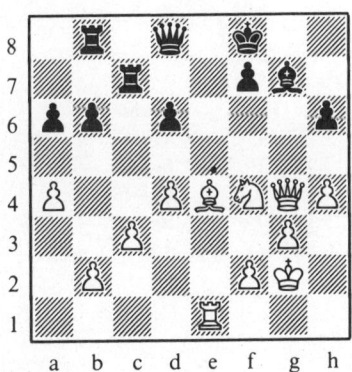

Diagramm Nr. 94

18.Sf4-h5!
Es gibt keine Parade mehr, z. B.:
a) 18. . . .Lh8 19. Lh7, ±.

b) 18. . . .f6 19.Ld5 Te7 20.Sf6:!!
Te1: 21.Sh7† Ke7 20.Dg7: Ke8
23.Df7#.
Schwarz gab auf. 1:0.

Schwache Punkte im Vorfeld des Königs

Jene Punkte sind von besonderer taktischer Wichtigkeit, die sich im unmittelbaren Vorfeld der Könige befinden. Auf diesen stehen oft Bauern, welche den hinter ihnen stehenden König als „Leibwächter" decken. Für den Sturm auf die vor dem König liegenden Punkte sind in der Turnierpraxis eine Unmenge von Beispielen anzutreffen. Im Falle von taktischen Schlägen, gerichtet auf die Punkte f7-g7-h7 (bzw.: f2-g2-h2), sprechen wir also von typischen Kombinationen.

Typischer Angriff auf den Punkt f7 (f2)

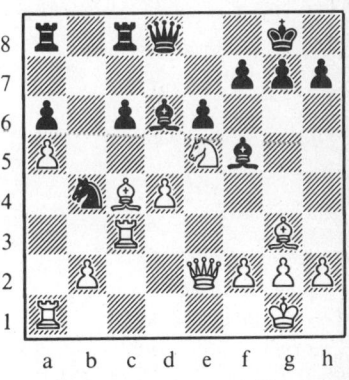

Diagramm Nr. 95

Lederman – Eperjesi
Biel 1981

1.Se5xf7!!	Kg8xf7

2.Lc4xe6†!! **Lf5xe6**
2. . . .Kg6? 3.Tf3! Lc2 4.Lf7† Kh6
5.De6† g6 6.Ld6: ±.
  3.Tc3-f3† **Kf7-e7**
  4.Ta1-e1 **Dd8-g8**
  5.Tf3-e3 **Ld6xg3**
  6.Te3xe6† **Ke7-d7**
a) 6. . . .Kf7 7.Df3†.
b) 6. . . .Kf7 7.Tf6† gf6: 8.De7†.
c) 6. . . .Kd8 7.Te8†.
  7.Te3-e7† **Kd7-d6**
  8.Te7-d7†!!
Auf 8. . . .Kd7: käme 9.De7#.
Schwarz gab auf. 1:0.

Diagramm Nr. 96

Foisor – Spiridonow
Bukarest 1981
  1.Lc4xf7†! **Kg8xf7**
  2.Da3-b3†!
Auf 2. . . .Kf8 käme 3.Sg5!.
Und Weiß hat gewonnen. 1:0.

Diagramm Nr. 97

Kusmin – Ftacnik
Dortmund 1981
  1.Sd6xf7! **Ld8-f6**
1. . . .T8f7: 2.Tf7: Tf7: 3.Dd8: ±.
  2.Sf7-e5†
Keine Verteidigung mehr. Z. B.:
2. . . .Tdf7 3.Sf7: Ld4: 4.Sh6† Kh8
5.Tf8:#.
Schwarz gab auf. 1:0.

Diagramm Nr. 98

Greenfeld – Sokolow
Junioren-Europameisterschaft
Groningen 1981
  1.Se5xf7! **Dc8-f5**
1. . . .Kf7:?? 2.Sg5† Kf6 3.Te8:
De8: 4.Lb7: ±.
  2.Sf7-g5 **g7-h6**
  3.Dc2-b3† **1:0.**

Diagramm Nr. 99

Feitenauer – James
Junior-Europameisterschaft
Groningen 1981
  1.Sg5xf7! **Kg8xf7**
  2.e5-e6† **Kf7-g8**
  3.e6-e7 **1:0.**

Diagramm Nr. 100

Atan – Short
Mexiko 1981
  1.Lc1xh6! **g7xh6**
  2.Tf1xf7 **Tf8xf7**
  3.Ta1-f1 **Se6-g5**
  4.Ld3-c4 **Ke8-f8**
  5.Tf1xf7 **Sg5xf7**
  6.Sd5-f6! **1:0**

Diagramm Nr. 101

Mecking – Harandi
Interzonenturnier, Manila 1976
  1.Te1xe4!! **d5xe4**
  2.Sg5xf7 **1:0.**

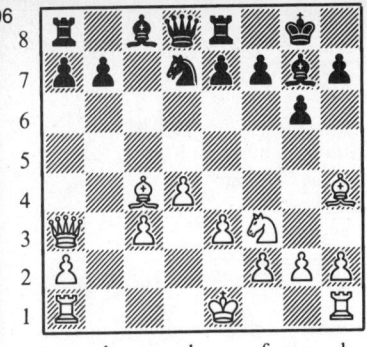

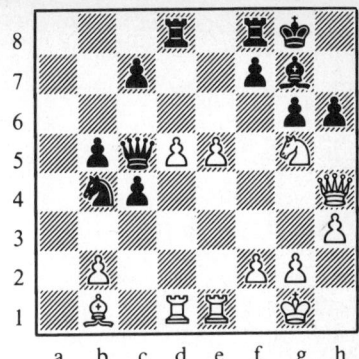

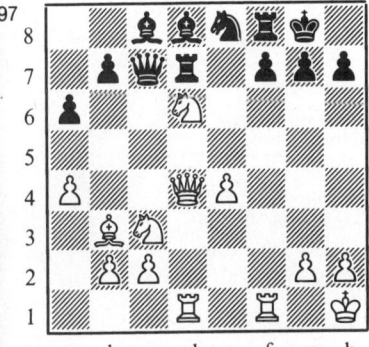

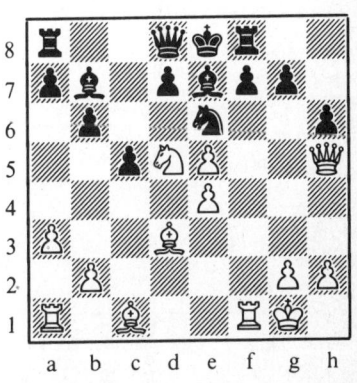

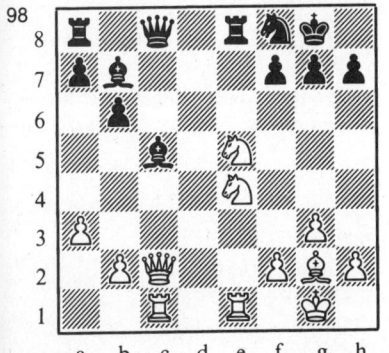

Typischer Angriff auf den Punkt g7 (g2)

Diagramm Nr. 102

Hort – Hammer
Biel 1981
1.Lf4-h6!! g7-g6
1. ...gh6: 2.Sh6: Sg6 3.Sf7: Kg7 4.hg6:
2.Te3-f3 1:0.

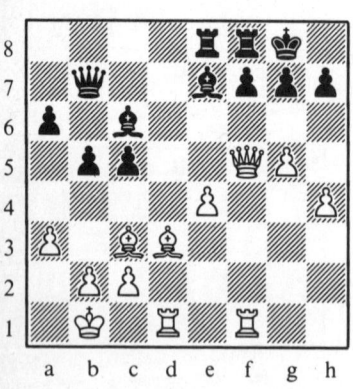

Diagramm Nr. 103

Kavalek – Hübner
Olympiade Buenos Aires 1978

1.Lc3xg7!! Lc6-d7
1. ...Kg7: verliert wegen 2.e5!
2.Df5-e5 Le7-d8
3.De5-d6 Kg8xg7
4.Dd6-h6† Kg7-h8
Nun 5.g6 hätte zu Matt geführt. Kavalek spielte aber 5.e5 und gewann.

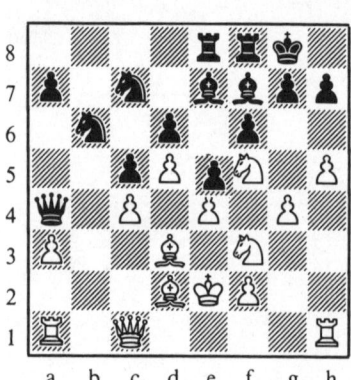

Diagramm Nr. 104

Toth – Hammer
Biel 1981
1.Ld2-h6! Sc7xd5
2.c4xd5 Sb6xd5
3.e4xd5 Lf7xd5
4.Lh6xg7! Tf8-f7
5.Lg7-h6 e5-e4
6.Ke2-f1 e4xd3
7.Th1-h3
Und nach einigen Zügen hat Weiß gewonnen. 1:0.

(s. Diagramm Nr. 105 nächste Seite)

Portisch – Kavalek
Amsterdam 1981
1.Le3xh6 Sd7-b6
2.Lh6xg7 Te7-f7
3.Tg4-g6 1:0.

8
7
6
5
4
3
2
1
a b c d e f g h

Diagramm Nr. 105

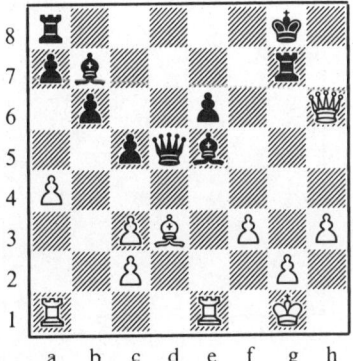

8
7
6
5
4
3
2
1
a b c d e f g h

Diagramm Nr. 106

Huss – Borik
Zonenturnier, Randers 1982

1. . . .	Tg7xg2†!!
2.Kg1-h1	Tg2-h2†
3.Kh1-g1	Th2-h1†!!	0:1.

(s. Diagramm Nr. 107 rechts oben)

Tal – Polugajewski
Interzonenturnier, Petropolis 1973

1. . . .	Dc6xg2†!!
2.Tg5xg2	Lb7xg2†
3.Kh1-g1	e3-e2!

8
7
6
5
4
3
2
1
a b c d e f g h

Diagramm Nr. 107

Auf 4.Te1 käme 4. . . .Lc5 5.Df2
Lf3#.
Weiß gab auf. 0:1.

*Typischer Angriff auf den Punkt h7
(h2)*

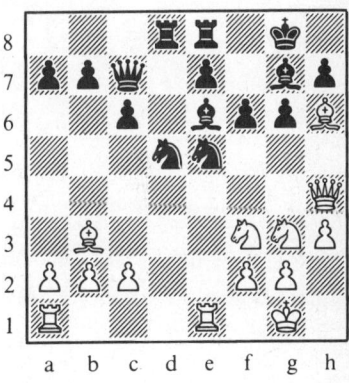

8
7
6
5
4
3
2
1
a b c d e f g h

Diagramm Nr. 108

Tal – Timman
Olympiade, Skopje 1972

| 1.Te1xe5!! | f6xe5 |
| 2.Sf3-g5 | Lg7-f6 |
| 3.Sg5xe6! |

Schwarz gab auf. 1:0.

87

109

11

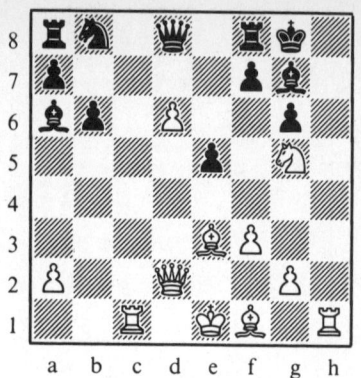

110

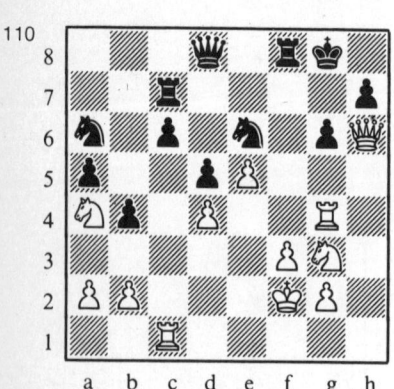

11

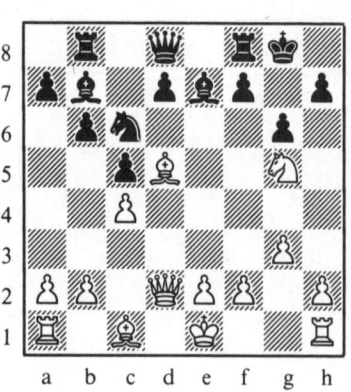

111

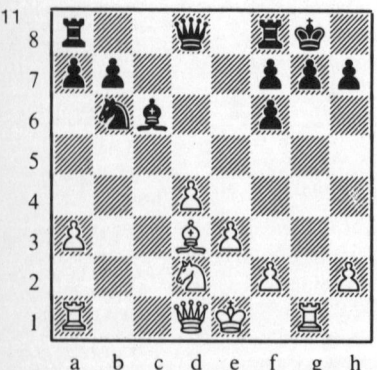

Diagramm Nr. 109

Smyslow – Hort
Interzonenturnier, Petropolis 1973
  1.Sg4-f6†!!   **Kg8-h8**
  2.Sf6xh7!   **Te7-e6**
2. . . .Kh7: 3.g6† Kg8 4.Tf7:!
Tf7: 5.Dh3! führt zu Matt.
  3.Tf2xf7   **Lf8-c5†**
3. . . .Dc5 4.Kh1 Kh7: 5.Dh3†.
  4.Kg1-h1   **Te6-e7**
  5.Tf7-f8† **1:0.**

88

Diagramm Nr. 110

Petrosjan – Visier
Olympiade, Nizza 1974

| 1.Tg4xg6†! | Se6-g7 |
| 2.Tc1-h1 | Tf8-f4 |

Oder 2. . . .De8 3.Dh7† Kf7 4.Sf5 ±.

| 3.Sg3-h5 | Tc7-f7 |
| 4.e5-e6 1:0 | |

Diagramm Nr. 111

Palatnik – Geller
Don-Rostow 1980

1.Tg1xg7†	Kg8xg7
2.Dd1-g4†	Kg8-h8
3.Dg4-f5 1:0	

Diagramm Nr. 112

Grünberg – Simonyi
Ungarn 1981
Statt der Partiefortsetzung hätte
1.g2-g3 in Verbindung mit 2.Dd2-h2
sofort gewonnen.

Diagramm Nr. 113

Kortschnoi – Karpow
Weltmeisterschaft, Moskau 1974

| 1.Sg5xh7!! | Tf8-e8 |

1. . . .Kh7: 2.Dh6† Kg8 3.Dg6:†!
Kh8 4.Dh6† Kg8 5.Le4 f5 6.Ld5†
Tf7 7.Dg6† und Weiß gewinnt.

2.Dd2-h6	Sc6-e5
3.Sh7-g5	Le7xg5
4.Lc1xg5	Dd8xg5
5.Dh6xg5	Lb7xd5
6.0—0	Ld5xc4
7.f2-f4 1:0	

Geometrische Angriffszielpunkte

Jene Punkte, die eine Figur in einem Zug erreichen kann, bilden den Aktionsradius (Schlagweite) der betreffenden Figur. Die dynamische Kraft der Figuren werten wir aber nur da richtig, wo wir auch die in zwei (eventuell mehr) Zügen erreichbaren Punkte beachten. Hier können wir also über sekundären, tertiären usw. Aktionsradius sprechen. Greift eine Figur in einem Zug eine gegnerische Figur von höherem Wert an, wird die letztere zum Wegziehen gezwungen. Dadurch gewinnt die angreifende Figur, zu den weiteren taktischen Schlägen hinzu, ein Tempo. In diesem Fall — besonders im Falle eines Schachgebots — gelangt die angreifende Figur forciert an einen Punkt ihres sekundären Aktionsradius (Schlagweite), d. h. mit sogenanntem „Tempogewinn", was den Anschein erweckt, als würde die „Schlagweite" der angreifenden Figur vervielfacht. Das gilt besonders für den Fall, in dem in der Verteidigungsstellung der König oder andere hochwertige Figuren „serienmäßig" angegriffen werden. Sind die Verteidigungskräfte im Raum, d. h. auf dem Schachbrett auf solchen Feldern aufgestellt, auf denen diese Aufstellung die Verlängerung der Schlagweite der angreifenden Figuren durch eine forcierte Zugserie auf die oben erwähnte Weise ermöglicht, dann handelt es sich um als Angriffszielpunkt dienende geometrische Motive. Es dürfte aber richtiger sein, wenn wir diese als schachgeometrische Motive bezeichnen, da wir die Gangart des Springers (L-Form) nicht vergessen dürfen. Laut eigener Definition des Verfassers sind diese Situationen, vom Standpunkt der Verteidigung her, schädliche schachgeometrische Motive.

Ein üblicher Zweck der taktischen Schläge des Angreifers ist die Ausnützung der oben beschriebenen schachgeometrischen Motive. Solche unglückliche „Konstellation" der Schutzfiguren kann des öfteren durch taktische Manöver gefördert oder erzwungen werden. Eine diesbezüglich ausgezeichnete Veranschaulichung ist die folgende Partie:

Hug – Kortschnoi
Schweiz 1978

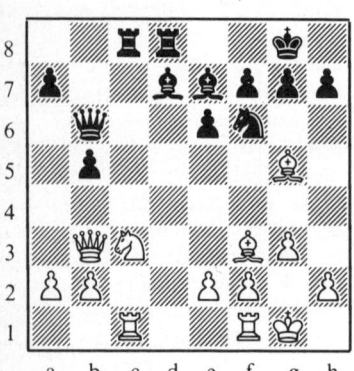

Diagramm Nr. 114

Nach dem strategischen Aufmarsch ist die Zeit gekommen, die taktischen Ziele zu stecken. Kortschnoi berechnete, daß Weiß nach dem Eindringen in den Punkt f2 nur zu einem scheinbar guten Spiel kommt und Schwarz unter Ausnutzung verschiedener schachgeometrischer Motive die Oberhand gewinnt.

1. . . .   b5-b4!!
2.Sc3-e4
Andere Abspiele:
a) 2.Sa4? Db5, ∓
b) 2.Le3 Da5 3.Sb1 La4!
c) 2.Sb1 Da5
2. . . .   Sf6xe4!!
3.Lg5xe7   Tc8xc1
4.Tf1xc1   Db6xf2†
5.Kg1-h1

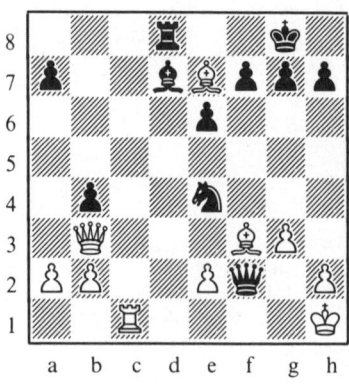

Diagramm Nr. 115

Weiß dachte, 5. . . .Te8 6. Dd3 wäre von Te7? gefolgt, worauf das ansprechende 7.Dd7: aufgrund der Mattdrohung auf der Grundreihe gewänne. Um der Wahrheit die Ehre zu geben, müssen wir bemerken, daß diese Vorstellung irrtümlich ist, denn anstelle von 6. . . .Te7? führte 6. . . .De1†!! 7.Te1: Sf2† 8.Kg2 Sd3: 9.ed3: Te7: 10.Tc1 Kf8 11. Tc7 Lb5 zu einem für Schwarz günstigen Endspiel.
5. . . .   Td8-c8!!

Nützt die Schwäche der weißen Grundreihe aus!

6.Db3-d1   Tc8xc1
7.Dd1xc1

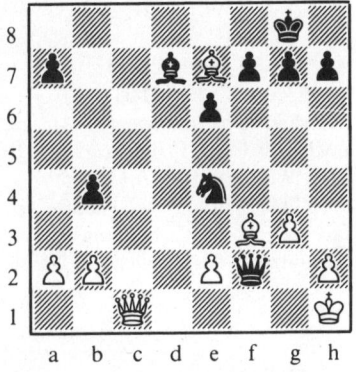

Diagramm Nr. 116

7. . . .   Ld7-c6!!
8.Le7xb4

Falls 8.Dg1, so De2:!! 9. Le2: Sf2 Doppelschach und Matt!

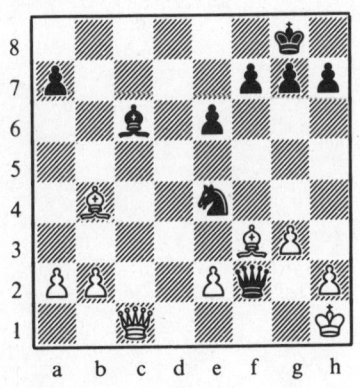

Diagramm Nr. 117

Man glaubte, daß der Nachziehende geschlagen wäre. Aber Kortschnoi

hat schon bei der Planung des taktischen Schlages die in der weißen Stellung steckenden geometrischen Motive wahrgenommen, welche als ausgezeichnete Angriffsmarken anzusehen waren.

8. . . .   Df2xe2!!

Durch diese glänzende Lösung macht sich Schwarz die unglückliche Konstellation der weißen Figuren zunutze, indem er mit der Verlängerung der Schlagweite des Se4 zwei Bauern schlägt und die Dame tauscht, während Weiß nur unbedeutende Züge machen kann.

9.Lf3xe2   Se4xg3†
10.Kh1-g1   Sg3xe2†

Weiß gab auf. 0:1

Betrachten wir nun auch andere Beispiele für die Nutzung der schachgeometrischen Motive.

Diagramm Nr. 118

Salow – Cvitan
Mexiko 1981

1. . . .   Tc8xc3!!
2.b2xc3   Le8-b5
3.c3-c4

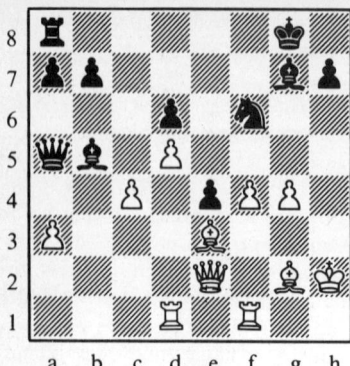

8 · · · · · · · ·
7 · · · · · · · ·
6 · · · · · · · ·
5 · · · · · · · ·
4 · · · · · · · ·
3 · · · · · · · ·
2 · · · · · · · ·
1 · · · · · · · ·
  a b c d e f g h

Diagramm Nr. 119

3. . . .   Lb5xc4!!
4.De2xc4   Sf6xg4†
5.Kh2-g3   Sg4xe3
Und nach 6.De4: Sd1: 7.Td1: Da3:†
wurde Schwarz Herr der Lage.

Diagramm Nr. 120

Georgiew – Ribli
Zonenturnier, Herkulesbad 1982
1. . . .   Sf5xg3†!
2.Kh1-g1   f6-f5!
Nach 3.Td7: Ld4:† 4.Kh2 Sf1†
würde Schwarz die Dame erobern.
Weiß gab auf. 0:1

Diagramm Nr. 121

Haik – Stefanov
Bukarest 1981
Es ist sehr aufschlußreich, wie
Schwarz das als Angriffsmarke anzu-
sehende Motiv in der weißen Stellung hervorruft.
1. . . .   d6-d5!!
2.c4xd5

Diagramm Nr. 122

3. . . .   Tc7xc3!!
4.b2xc3   Sf6xd5
5.Lh4xe7   De8xe7
6.Sd2-e4   Sd5xe3
7.Td1-d2   Se3xg2!
8.Te1-d1
Auf 8.Kg2: gewinnt Dg5†.
8. . . .   Sd7-c5
Schwarz steht überlegen. Es folgte
noch 9.Sg3 Se3 10.Te1 Dg5 11.Lf1
Sf1:, Weiß gab auf. 0:1
Jetzt aber prüfen wir sechs einfachere Fälle in Verbindung mit der
Ausnützung des fraglichen Motivs.

Diagramm Nr. 123

Biyisas – Torre
Interzonenturnier, Manila 1976
1.Tg5xf5!!   e6xf5
2.Sc3-d5†   Ke7-f8
2. . . .Sd5:?? 3.Te1† Kf8 4.Dh8#.
3.Sd5×f6   Td7-b7
4.Dd4-d5   Tc6-b6
5.Dd5xf5   d6-d5
6.Sf6xd5   Tb6-h6
7.Sd5-e3   Dd8-e8
8.Df5-c5†   Kf8-g8   1:0

Diagramm Nr. 124

Faragó – Szabó
Ungarn 1980
1.De3xh6!! 1:0

Diagramm Nr. 125

Rantanen – Cardoso
Olympiade, Skopje 1972
1.d6-d7† 1:0

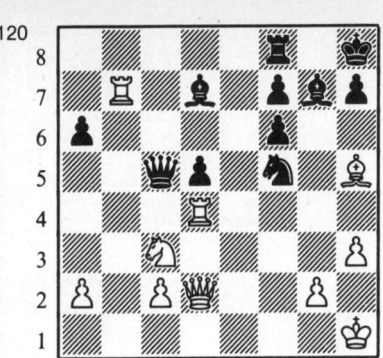

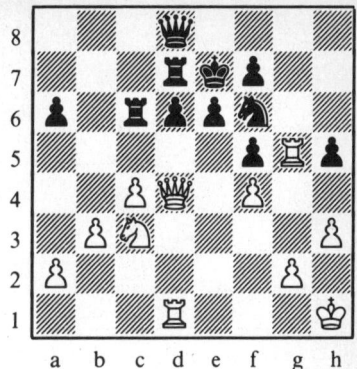

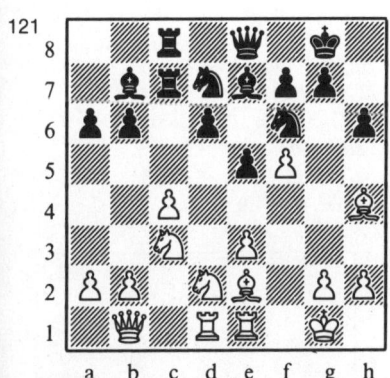

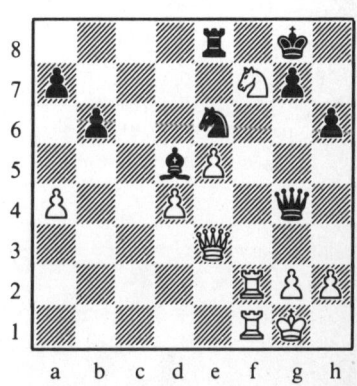

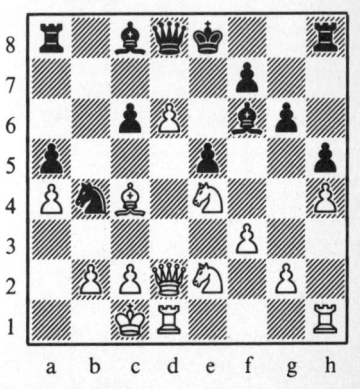

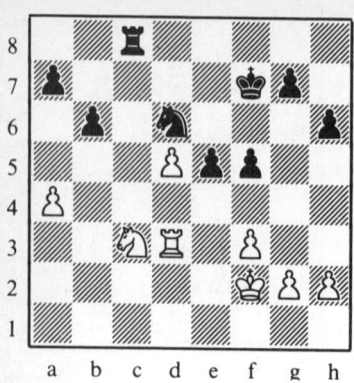

Diagramm Nr. 126

Ben Larbi – Forintos
Olympiade, Skopje 1972
Anstatt der Partiefortsetzung hätte
Schwarz mit 1. . . .e4! 2.fe4: Tc3:
3.Tc3: Se4: gewinnen können.

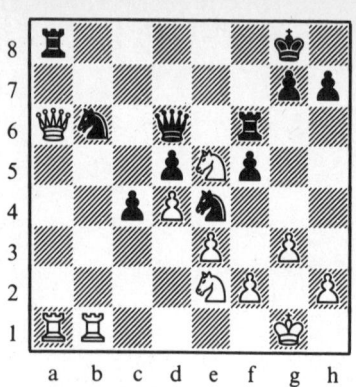

Diagramm Nr. 128

Szöllösi – Boguszlavskij
Ungarn 1981

1.Da6xb6!!	Ta8xa1
2.Tb1xa1	Dd6xb6
3.Ta1-a8†	Tf6-f8
4.Ta8xf8†	Kg8xf8
5.Se5-d7† 1:0	

Diagramm Nr. 127

Spasski – Ribli
Interzonenturnier, Manila 1976
  1.Ld5xb7 1:0

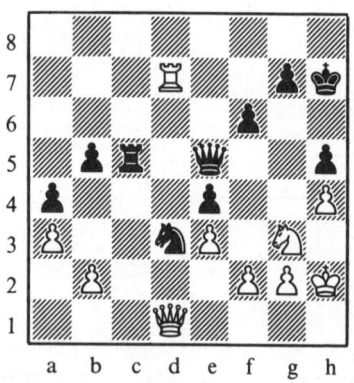

Diagramm Nr. 129

Seirawan – Beljawski
Baden 1980
Anstelle der Partiefortsetzung 1.f3?
hätte 1.f4 gewonnen:

1.f2-f4	**De5-e6**

1. ...Db2: 2.Sh5!, ±.

2.Sg3xe4!!	**De6xd7**
3.Se4xc5	**Sd3xc5**
4.Dd1xh5†	**Kh7-g8**
5.Dh5xc5	

Und Weiß gewinnt.

Die Rolle der Linien

In der Schachpartie wird ein erbitterter Kampf um die Öffnung und Besetzung wichtiger Linien geführt. Kontrolliert der Angreifer die offene Linie, so trennt er die verschiedenen Gruppen der Verteidigungskräfte voneinander, erschwert aber zumindest das Zusammenwirken der genannten Kräfte. Obendrein ist es das Endziel des Angreifers, auf der offenen Linie ins Hinterland (7.-8. bzw. 1.-2. Reihe) des Verteidigers einzudringen.

Will die Verteidigung das Eindringen der angreifenden Schwerfiguren verhindern, muß sie dafür ihre bedeutenden Streitkräfte in Anspruch nehmen. Deshalb kommt es nicht selten vor, daß in solch einem Fall die angreifenden Leichtfiguren — unter Bedeckung der Schwerfiguren, welche zum Eindringen auf den offenen Linien bereit sind — den Schlag an einer anderen Stelle ausführen. Die Linienöffnung ist für die Verteidigung besonders da gefährlich, wo der König der sich verteidigenden Seite unmittelbar bedroht wird.

Diagramm Nr. 130

Bönsch – Stefanov
Bukarest 1981

1. ...	**Sh5-g3†!!**
2.h2xg3	**h4xg3†**
3.Kh1-g1	**Le7-f6!!**

Der auf der Diagonale d8-h4 befindliche Läufer muß von der Linie der zum Angriff bereiten Dame fortgebracht werden.

4.Sd4-e2	**Lf6xc3**

Netter wäre 4. ...Ld4†!! 5.Sd4: Th1†! 6.Kh1 Dh4† 7.Kg1 Dh2 Matt gewesen, aber auch der Textzug ist ebenfalls entscheidend. Weiß gab auf. 0:1

Untersuchen wir nun sechs Stellungen, in denen die Linienöffnung für den angegriffenen König verhängnisvoll war:

95

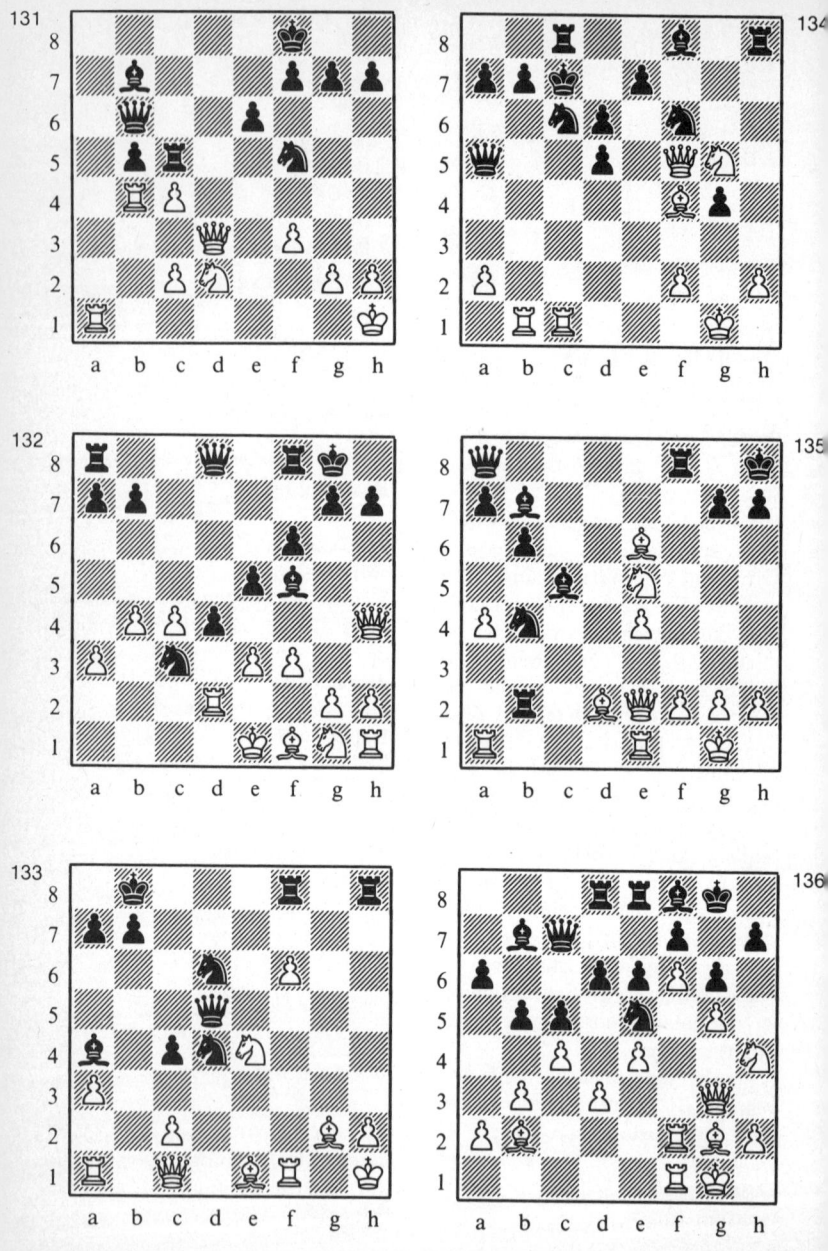

Diagramm Nr. 131

Kerényi – S. Balogh
Ungarn 1974
1. . . .   Sh5-g3†!!
Weiß gab auf. 0:1

Diagramm Nr. 132

Quinteros – Ribli
Montilla 1974
1. . . .   d4xe3!!
2.Td2xd8   Ta8xd8
3.Lf1-e2   Td8-d2
2.g2-g4   Lf5-d3
5.Ke1-f1   Sc3xe2
6.Sg1xe2   Td2xe2
7.Kf1-g1   Tf8-d8 0:1

Diagramm Nr. 133

Sax – Faragó
Ungarn 1973
1. . . .   Th8xh2†!
2.Kg1xh2   Tf8-h8†
3.Lg2-h3   Th8xh3†
4.Kh2xh3   La4-d7† 0:1

Diagramm Nr. 134

Perényi – Sindik
Ungarn 1979
1.Tc1xc6†!!   b7xc6
2.Sg5-e6†   Kc7-d7
3.Tb1-b7† 1:0

Diagramm Nr. 135

Ornstein – Stean
Malmö 1979
1.Se5-g6†!!   h7xg6
2.Ta1-a3 1:0

Diagramm Nr. 136

Lobron – Tiller
Zonenturnier, Randers 1982
1.Lb2xe5!   d6xe5
2.Sh4xg6!!   h7xg6
3.Tf2-f3   b5xc4
4.b3xc4   Lf8-h6
Eine Falle, denn auf 5.gh6:? könnte
sich Schwarz durch Kh7! retten.
5.Dg3-h4!
Auf 5. . . .Dd6 wäre 6.Th3 Df8
7.T1f3 verhängnisvoll.
Schwarz gab auf. 1:0
Im Interesse der Rettung des Königs
war Schwarz — im folgenden Beispiel — zwar nicht imstande, der
Linienöffnung zu entgehen, aber es
gelang ihm durch ein Bauernopfer,
daß eine andere Linie, und zwar
eine unwichtigere geöffnet wurde.

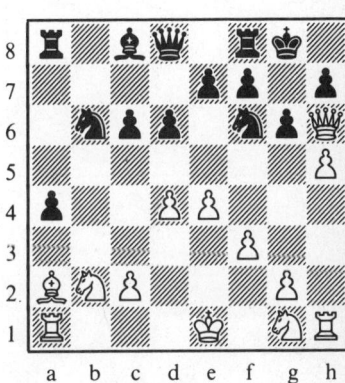

Diagramm Nr. 137

Wibe – Bilek
Olympiade, Skopje 1972
1. . . .   g6-g5!!
Das Blatt hat sich gewendet! Gerade
die Königsstellung von Weiß wurde
unsicherer, und schließlich gewann
Schwarz.

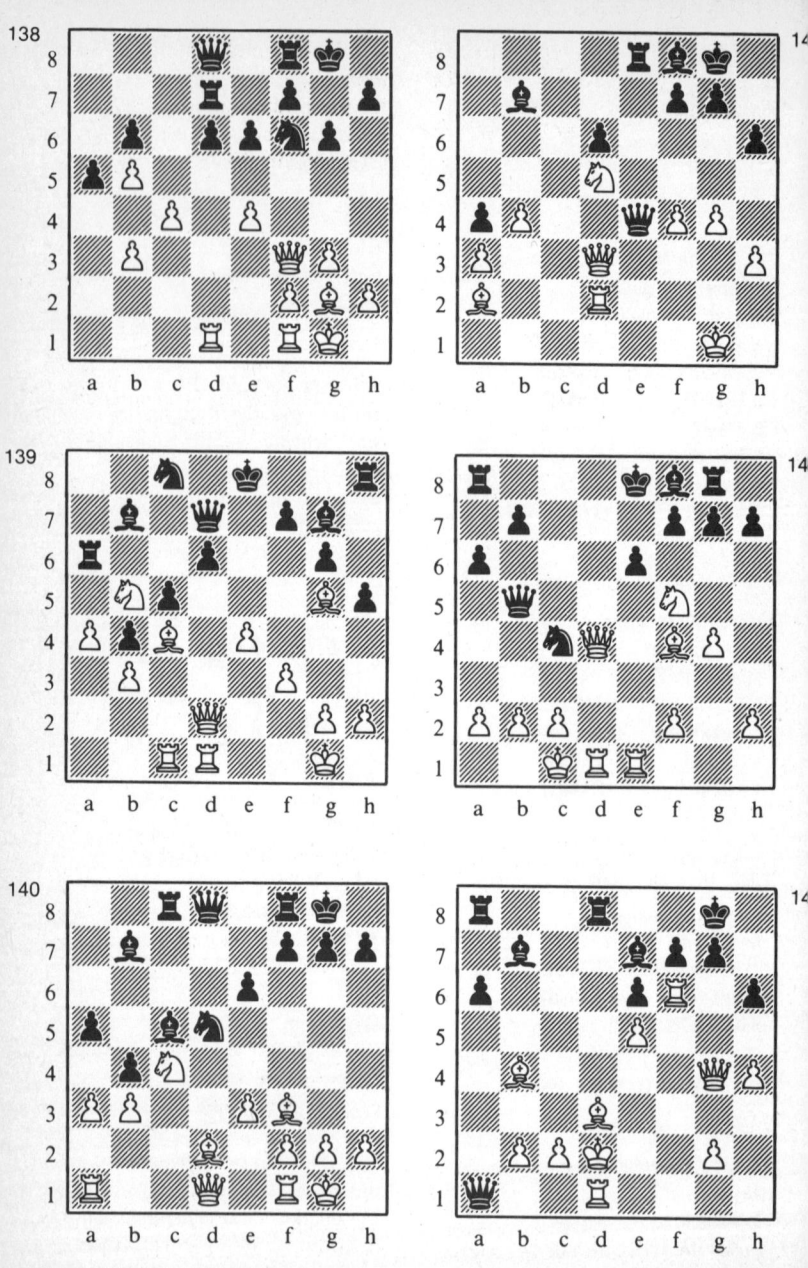

Eine Linienöffnung kann freilich nicht nur den Angriff auf den Königsflügel zum Ziel haben, sondern z. B. auch Materialvorteil anstreben.

wann Weiß einen Bauern und später auch die Partie. 1:0
Im Besitze der Linie darf man nicht untätig sein, wie der Angreifer (Schwarz) in der folgenden Partie:

Diagramm Nr. 138
Smejkal – Andersson
Interzonenturnier, Biel 1976
1.e4-e5!	d6xe5
2.Td1xd7	Sf6xd7
3.Tf1-d1	Dd8-c8
4.Df3-c6!	Sd7-c5

Oder 4. . . .Dc6: 5.bc6: Sc5 6.c7 Sa6 7.c8D! Tc8: 8.Lb7! und gewinnt.
5.Dc6xb6	Sc5xb3
6.Db6-d6	

Und Weiß gewann nach 6. . . .Dc4: 7.b6 Dc5 8.Dc5: Sc5: 9.Tc1 Sa6 10.Ta1 Tb8 11.b7 Kf8 12.Ta5: Sc7 13.Tc5 Sa6 14.Tc6 1:0.

Diagramm Nr. 139
Romanischin – Donner
Olympiade, Buenos Aires 1978
1.e4-e5!
Darauf bricht die Verteidigung zusammen, denn 1. . . .Le5: 2.Te1 wäre für Schwarz unerträglich. Schwarz gab auf. 1:0

Diagramm Nr. 140
Portisch – Polugajewski
Portoroz 1973
1.Sc4xa5!!
Durch die Öffnung der a-Linie ge-

Diagramm Nr. 141
Delannois – Sokolov
Junioren-Europameisterschaft
Groningen 1981
Der schüchterne Damentausch 1. . . .Dd3: führte zum Partieverlust von Schwarz. Dagegen hätte der Nachziehende mit 1. . . .De1†! 2.Kh2 La6! 3.Sf6† gf6: 4.Dg6† Kh8 den Sieg davontragen können. Die Beherrschung der Linien muß mit aktiven taktischen Manövern vorangetrieben werden, bevor der Gegner zu sich kommt.

Diagramm Nr. 142
Sax – Radulow
Zonenturnier, Herkulesbad 1982
1.Lf4-g5!!	Sc4-d6

Nach 2.Sd6:†: Ld6: 3.Dd6: Dg5: 4.Kb1 De7 könnte Schwarz noch hartnäckigen Widerstand leisten.
2.Dd4xd6!! 1:0

Diagramm Nr. 143
Sznapik – Radulow
Herkulesbad 1982
1. . . .	Td8xd3†!!
2.Kd2xd3	Ta8-d8†
3.Lb4-d6	Da1xb2
4.Tf6xe6	Lb7-c8!! 0:1

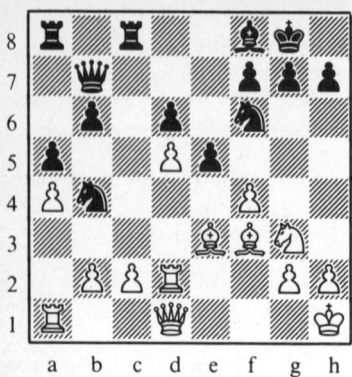

Diagramm Nr. 144

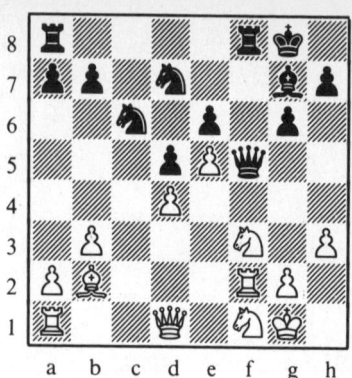

Diagramm Nr. 145

Mecking – Spasski
Interzonenturnier, Manila 1976

1. . . .	e5-e4!
2.Sg3xe4	Sf6xe4
3.Lf3xe4	Db7-e7
4.Dd1-f3	Tc8-e8!
5.Td2-d4	f7-f5!
5.Le4xf5	De7xe3
7.Lf5-e6†	Te8xe6
8.d5xe6	De3xf3
9.g2xf3	Sb4xc2! 0:1

Die Öffnung der Linie und die Gegenüberstellung auf der offenen Linie sind nur dann ratsam, falls unsere Schwerfiguren durch die gegnerischen Leichtfiguren nicht ernstlich oder auf Dauer beunruhigt werden können.

In der folgenden Partie stand nur eine einzige weiße Schwerfigur auf der offenen Linie, während zwei schwarze ebenfalls dort waren. Es gelang dem Anziehenden jedoch, die offene Linie zu unterminieren und die schwarzen Schwerfiguren in die Klemme zu bringen.

Karpow – Torre
Interzonenturnier, Leningrad 1973

1.Lb2-a3!	Tf8-f7
2.g2-g4!	Df5-e4

Oder 2. . . .Df4 3.Lc1 De4 4.Sg3 mit weißem Gewinn.

3.Sf3-g5! 1:0	

Kontrollieren die angreifenden Schwerfiguren die offene Linie völlig, wird die Lage der Verteidigung meistens kritisch. Die eingedrungenen Angriffskräfte binden nämlich sehr viele Verteidigungskräfte. Die überspannte, überlastete Verteidigung kann durch die Eröffnung einer neuen, eventuell von der offenen Linie entfernten Front leicht überrumpelt werden, wie es auch in der untenstehenden Partie geschah.

(s. Diagramm Nr. 146 nächste Seite)

Adamski – Haik
Bukarest 1981

1. . . .	g6-g5!!
2.Sa3-c4	d5xc4
3.d4-d5	

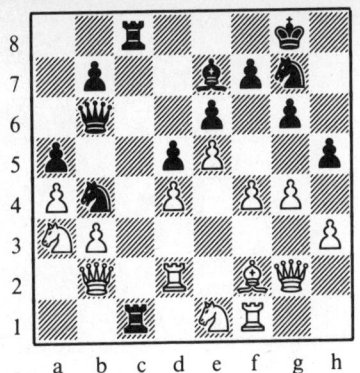

Diagramm Nr. 146

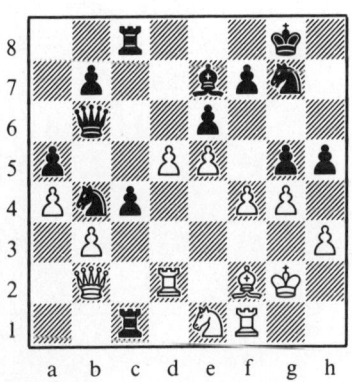

Diagramm Nr. 147

3. . . .	Tc1xe1!!
4.Lf2xb6	c4-c3
5.Td2-c2	Te1-e2†!
6.Tc2xe2	c3xb2
7.d5-d6	Sb4-d3!
8.Te2xb2	Sd3xb2 0:1

Die Rolle der Reihen

Die Bedeutung der Reihen nimmt

zu, falls eine der 7. oder 8. (bzw. 1. oder 2.) Reihen von den gegnerischen Schwerfiguren bedroht wird. Oft kann die Schwäche beider Reihen gleichzeitig zu Tage treten. Die Kraft des Angriffs ist noch größer, wenn sich die angreifenden Schwerfiguren auf einer dieser Reihen auch einrichten können.

Grundreihe

Die Schwäche der Grundreihe kann besonders dann verhängnisvoll werden, wenn der dort stehende König gefährdet wird.

Sehen wir uns nun eine Sammlung von solchen typischen Stellungen an:

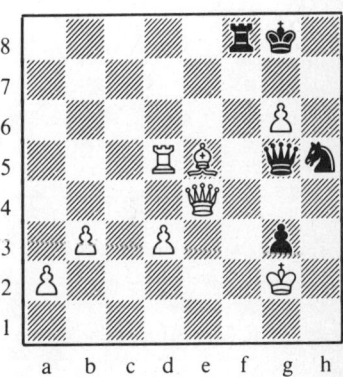

Diagramm Nr. 148

Portisch – Gulko
Interzonenturnier, Biel 1970
  1.Td5-d8!!   **Tf8xd8**
1. . . .Sf4† 2.Lf4: Dd8: 3.De6†
Kg7 4.Le5† Kh6 5.g7 und gewinnt.
  2.De4-c4†   **Kg8-f8**
  3.Dc4-f7#

101

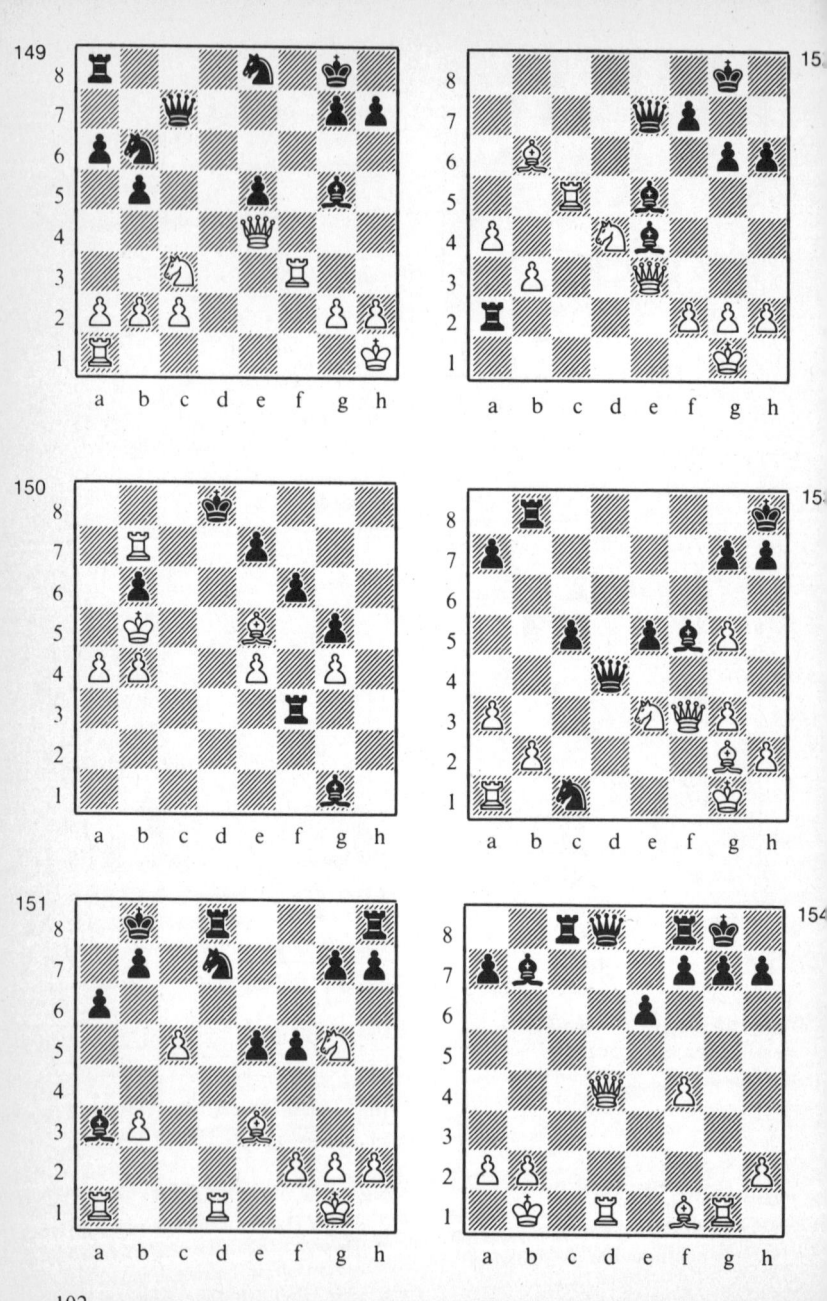

149

150

151

102

Diagramm Nr. 149

Sznapik – Georgiew
Zonenturnier, Herkulesbad 1982

1.Sc3-d5!!	Dc7-c4
2.De4-f5	Se8-d6
3.Df5-e6†	Kg8-h8
4.Ta1-f1	h7-h6
5.De6-g6	Ta8-g8
6.Sd5xb6	Dc4-c6
7.Dg6xg5!	Dc6xb6
8.Dg5xe5	Sd6-c4
9.De5-c3 1:0	

Diagramm Nr. 150

Polugajewski – Spasski
Interzonenturnier, Manila 1976
Statt des in der Partie geschehenen
kraftlosen Zuges 1.Lb2? hätte

1.Kb5-c6!	Kd8-e8
2.Le5-c7	

dem Anziehenden Vorteil gegeben.

Diagramm Nr. 151

Timman – Schweschnikow
Wijk aan Zee 1981

1. . . .	Sd7xc5!!
2.Td1-f1	f5-f4
3.Le3xc5	La3xc5
4.Sg5-f7	g7-g5!
5.Ta1-c1	Lc5-d4
6.Sf7xh8	Td8xh8

Und Schwarz hat zwar einen geringen Vorteil errungen, aber Weiß
besitzt so wenig Gegenchancen, daß
er später verlor. 0:1.

Diagramm Nr. 152

Tukmakow – Kasparow
Sowjetunion 1982

1. . . .   De7xc5!! 0:1

Diagramm Nr. 153

Larsen – Ljubojevic
Montreal 1979

1. . . .	Lf5-g4!
2.Df3-f2	Sc1-d3
3.Df2-d2	Tb8xb2
4.Ta1-f1	g7-g6
5.Lg2-d5	Lg4-f5 0:1

Diagramm Nr. 154

Osnos – Makaritschew
Don-Rostow 1980

1. . . .   Lb7-e4†!! 0:1

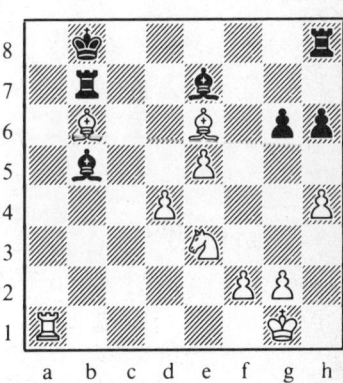

a b c d e f g h

Diagramm Nr. 155

Benjamin – Seirawan
USA 1979

1.Le6-d5!! 1:0

103

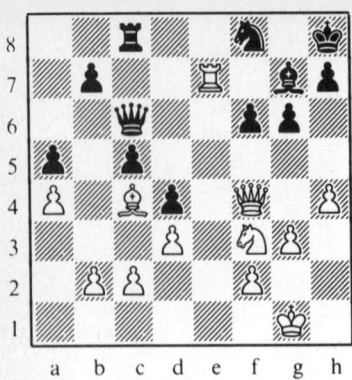

Diagramm Nr. 156

Bilek – Malich
Olympiade, Skopje 1972
  1.Sf3-e5!   g6-g5
  2.Se5-f7† 1:0

Diagramm Nr. 158

Byrne – Liberzon
Interzonenturnier, Biel 1976
  1.Sf4-e6!   f7xe6
  2.d5xe6   Dd7-c7
  3.Da7-a8†   Dc7-b8
  4.Lf3xb7†!!   Kc8-c7
  5.Da8xa6   Db8xb7
  6.Da6xa4 1:0

Diagramm Nr. 157

Forintos – Ree
Skopje 1972
  1. . . .   Sd7-f6!! 0:1

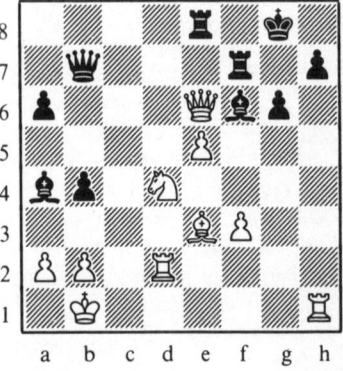

Diagramm Nr. 159

J. L. Roos – Luminet
Val Thorens 1981
  1.e5xf6!   Te8xe6

2.Sd4xe6　　　La4-d7
2. . . .Tf6:? 3.Td8† Kg7 4.Th7:
und gewinnt.
3.Se6-g5　　　Tf7xf6
4.Th1xh7　　　Ld7-f5†
5.Kb1-a1
5. . . .Dc6 2.Tdh2 und Weiß gewann nach 6. . . .Td6 7.Th8† Kg7
8. T2h7† Kf6 9.Tf8† Ke5 10.f4†
Kd5 11.Th1 Dc2 12.Tc1 b3 13.ab3:
1:0.

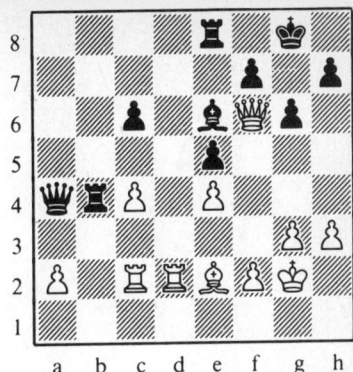

Diagramm Nr. 160

Die siebente Reihe

Die auf der — aus dem Blickwinkel
des Angreifers gesehen — 7. Reihe
auftretenden Angriffskräfte bedrohen einerseits das Vorfeld des
gegnerischen Königs, andererseits
greifen sie die Bauern an, welche
von der Seite her am verwund-
barsten sind. Wird das hinter-
ste Glied der Bauernstruktur be-
seitigt oder zum Vorrücken gezwungen, wird zumeist die gesamte
Bauernstruktur geschwächt.
Aus dem oben Beschriebenen geht
klar hervor, daß die 7. Reihe ein
prächtiges Terrain für die Schwerfiguren ist.
In unserem nächsten Beispiel be-
seitigt der Angreifer durch Tausch
die die 7. Reihe verteidigende
Leichtfigur.

(s. Diagramm Nr. 160 rechts oben)

Ribli - Olafsson
Olympiade, Buenos Aires 1978
1.Le2-g4!　　　Le6xg4
Wegen 1. . . .Lc4: siehe folgendes
Diagramm.

2.h3xg4　　　Tb4xc4
3.Td2-d7　　　Te8-f8
4.Tc2-b2!　　　Tc4-b4
5.Tb2xb4　　　Da4xb4
6.Dg6xc6 1:0

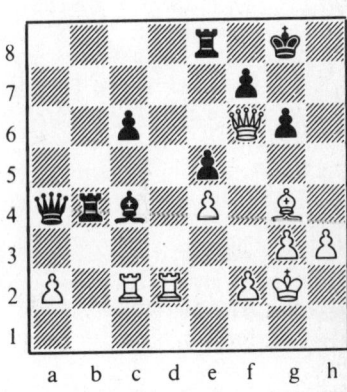

Diagramm Nr. 161

Eventualstellung nach 1. . . .Lc4:
2.Tc2xc4!!　　　Tb4xc4
3.Lg4-e6!!
Und Weiß gewinnt.

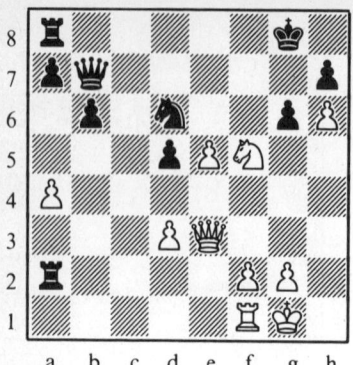

a b c d e f g h

Diagramm Nr. 162

Diaz del Corral – Portisch
Olympiade, Buenos Aires 1978
  1.e5xd6!   **g6xf5**
Andere Varianten führen ebenfalls
zum Sieg von Weiß:
a) 1. . . .Df7 2.Se7† Kh8 3.De5†.
b) 1. . . .Dd7 2.Se7† Kf7 3.Df3†.
c) 1. . . .Kf7 2.De5!.
  2.De3-g5†   **Kg8-f8**
2. . . .Kh8 3.Te1 Df7 4.Te7 Dg6
5.Dg6: hg6: 6.d7 und gewinnt.
  3.Tf1-e1   **Db7-f7**
  4.Te1-e7
Auf 4. . . .Dg6 gewinnt jetzt 5.Dg6:
hg6: 6.h7.
Schwarz gab auf. 1:0.
Und jetzt analysieren wir sechs
typische Stellungen, die Schwäche
der 7. Reihe betreffend.

Diagramm Nr. 163
Stajcic – Gheorghiu
Baden-Baden 1981
  1. . . .   Sf5xe3!!
  2.Dd1xb3   Td8xd2†
  3.Kf2xe3   Sa5xb3
  4.f3-f4   Ta8-d8
  5.Ke3-f3   Td2xh2 0:1

Diagramm Nr. 164
Quinteros – Tukmakow
Interzonenturnier, Leningrad 1973
  1.Td5xd6† 1:0

Diagramm Nr. 165
Helmers – Hölzl
Zonenturnier, Randers 1982
  1.Lh3-e6   **Td8-f8**
  2.Le6-d5
Und Weiß gewann nach 2. . . .Dc7
3.La8: Ta8: 4.Td1 f2† 5.Kf2: Td8
6.Td6 h6, 7. Tg6.

Diagramm Nr. 166
Filipowicz – Bukic
Banja Luka 1981
  1.Dg6xh6!!   **g7xh6**
  2.Td1-d7   **Dc7xd7**
  3.Se5xd7
Weiß verwertete seinen Vorteil
im Endspiel. 1:0.

Diagramm Nr. 167
Ree – Miles
Amsterdam 1981
  1.e4xd5!   **Tb8xb6**
  2.d5xe6   **Ta8-f8**
  3.Td7-a7   **Tf8-d8**
  4.g2-g4
Es folgte noch 4. . . .Tb4 5.Tf7:†
Kh8 6.e7 Td1† 7.Kg2 Sc7 8.Lh6 und
Weiß gewann.

Diagramm Nr. 168
Mariotti – Zoudar
Lugano 1980
  1.Tf7xg7!   **Tb4xc4**
  2.Tg7xd7   **Tc4-g4†**
  3.Kg2-f2   **Tg4-d4**
  4.Dd2-c3   **Dc6xd7**
  5.Lg5-f4   **h7-h5**
  6.Sa4xc5 ˙   **Kh8-h7**
  7.Dc3xd4 1:0

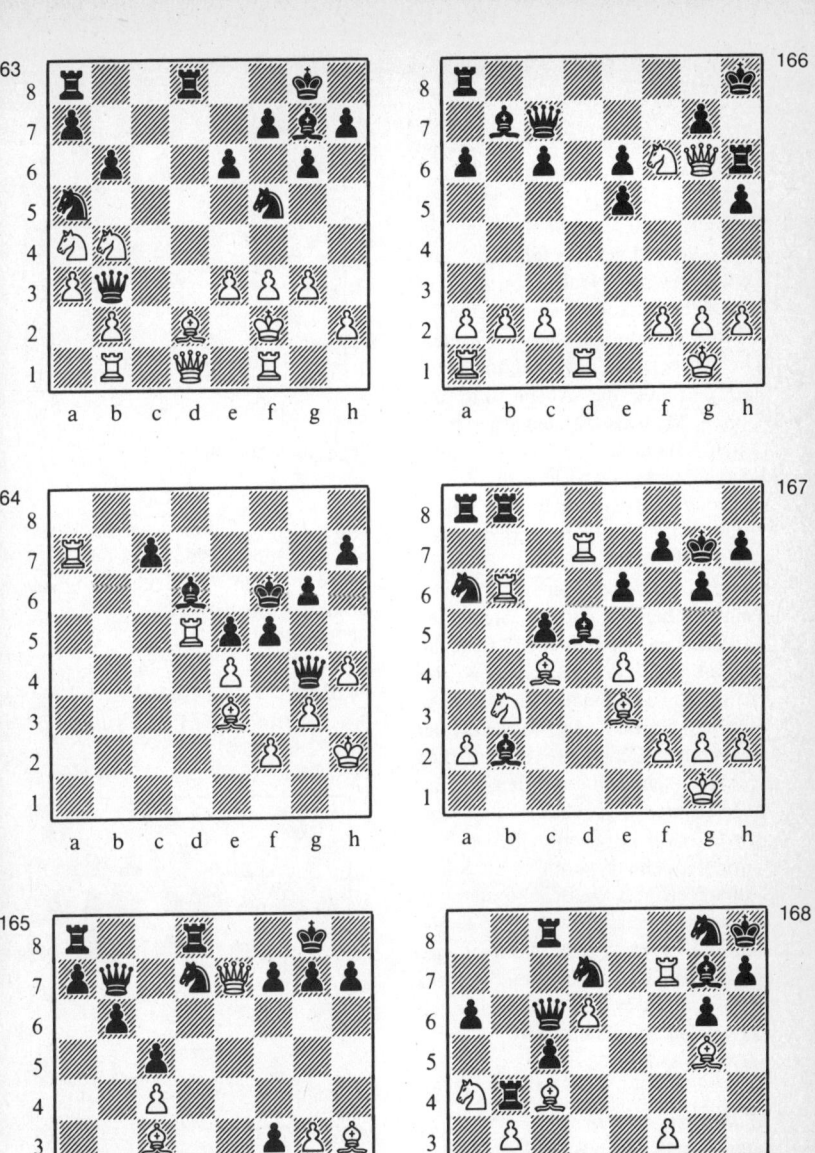

Die Rolle der Diagonalen

Die Diagonalen, die Ausläufe der Läufer kreuzen das gesamte Schachbrett.

Besonders die Diagonalen sind für den Verteidiger gefährlich, auf denen er zur Neutralisierung des feindlichen Läufers keinen eigenen Läufer gegenüberzustellen vermag.

Die Absperrung der Diagonalen ist schwerer als die Absperrung der Linien Mit Ausnahme der geschlossenen Stellungen ist ein Läufer schwer einzuengen. Er übt oft aus der Ferne, eventuell aus einer Fianchettostellung auf irgendeinen Punkt Druck aus. Im Endspiel stehen die auf der Farbe des gegnerischen Läufers stehenden Bauern im allgemeinen schlecht. Räumt der Verteidiger aber die gefährdete Diagonale, so muß er in Betracht ziehen, daß die auf der geräumten Diagonale befindlichen Felder schwach werden, d. h., sogenannte schwache Punkte entstehen, welche eventuell von den angreifenden Figuren als Stützpunkte erobert werden können.

Gelangt der König oder die Dame an die vom Feind kontrollierte Diagonale, dann liegt ein Angriff nahe, wie er in den untenstehenden Beispielen dargestellt wird.

(s. Diagramm Nr. 169 rechts oben)

Andersson – Portisch
Olympiade, Skopje 1972
   1.Lc1-a3!!
Viel stärker als 1.b5! Sb4 2.La3 a5 usw., wobei Schwarz die Diagonale hätte verstopfen können.

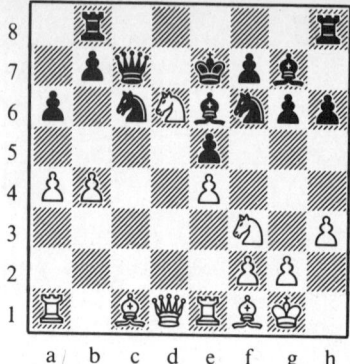

Diagramm Nr. 169

1. ...	Sf6-e8

Auf 1. ...Dd6:?? würde 2.b5! Sb4 3.Dd6:† Kd6: 4.Lb4: Kc7 5.Tac1† den Widerstand vollkommen brechen.

2.Sd6xb7!	**Dc7xb7**
3.b4-b5†	**Ke7-f6**
4.b5xc6	**Db7-c7**

4. ...Dc6:? 5.Tb1! Tc8 (5. ... Tb1:?? 6.Dd8#!) 6.Se5!, +—.

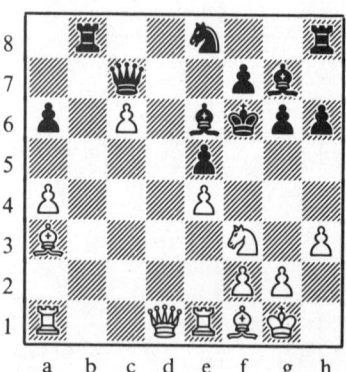

Diagramm Nr. 170

Der König ist vergeblich von der Diagonale a1-h8 geflohen.

5.Sf3xe5!!

Ein eleganter Schluß! Einige Beispiele von vielen:

a) 5. . . .Ke5: 6.f4† Kf4: 7.Df3†
Ke5 8.Dc3†! Kf4 9.Lc1 matt.

b) 5. . . .De5:

b1) 6.Df3† usw., +—.

b2) 6.c7

b2.1) 6. . . .Tc8 7.Dd8†! usw., +—.

b2.2) 6. . . .Dc7: 7.e5†!, +—.

b2.3) 6. . . .Sc7: 7.Ld6!, +—.

Schwarz gab auf. 1:0.

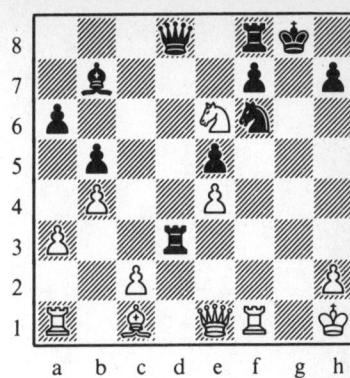

Diagramm Nr. 172

4. . . .	Sf6xe4
5.Se6xd8	Se4-f2† 0:1

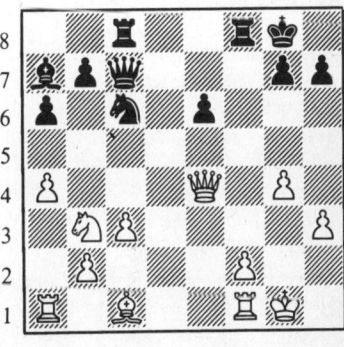

Diagramm Nr. 173

Zeschkowski – Kasparow
Frunse 1981

1. . . .	Tf8xf2!!
2.Tf1xf2	Dc7-g3†
3.De4-g2	La7xf2†!
4.Kg1-f1	

4. Kh1 Dd3 5. Df2: Tf8, —+.

4. . . .	Dg3-e5!
5.Lc1-f4	De5xf4
6.Dg2xf2	Df4-c4† 0:1

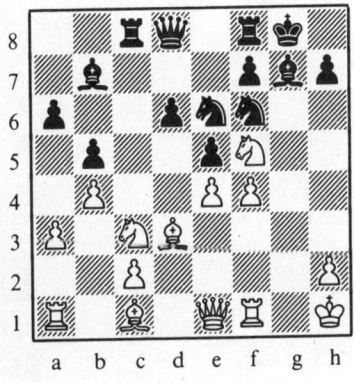

Diagramm Nr. 171

Diaz – Grószpéter
Cienfuegos 1980

1. . . .	Tc8xc3!!
2.f4xe5	

2.Dc3:? Se4:!, —+.

2. . . .	d6xe5
3.Sf5xg7	Tc3xd3!!
4.Sg7xe6	

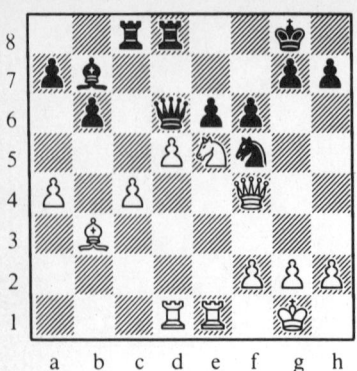

Diagramm Nr. 174

Goldenberg – Grizon
Vitrolles 1981

1.c4-c5!!   **Dd6xc5**

1. ...Tc5: 2.de6: Dc7 3.Td8:†
Dd8: 4.e7†, +—.
1. ...bc5: 2.de6: De7 3.Td7, +—.
1. ...fe5: 2. cd6: ef4: 3.de6:, +—.

2.d5xe6

Nach 2. ...Td1: 3.Td1: Se7 4.Dd2
Ld5 5.Sf3 h5 6.Ld5: Dd5: 7.Dd5:
Sd5: 8.g3 Sc3 9. Td7 Te8 10.Sd4
steigerte Weiß seinen Vorteil weiter
und gewann später. 1:0.

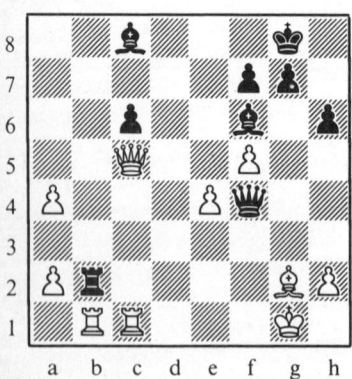

Diagramm Nr. 175

Diaz – Portisch
Biel 1976

1. ...   **Tb2xg2†!!**

2.Kg2: De4:† 3.Kf1 La6†, —+.
Weiß gab auf. 0:1.

Die große Diagonale wird oft Schau-
platz der großen taktischen Kämpfe. Ihre forcierte Öffnung erfolgte
in der folgenden Partie mittels eines
vorübergehenden Bauernopfers.

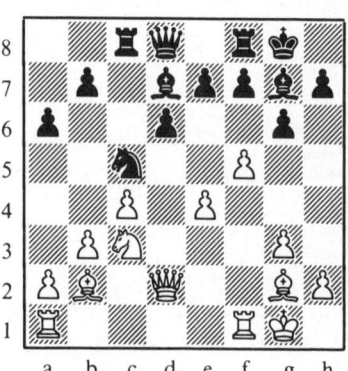

Diagramm Nr. 176

Smyslow – Timman
Moskau 1981

1.f5-f6!	e7xf6
2.Sc3-d5	f6-f5
3.e4xf5	Ld7xf5
4.Lb2xg7	Kg8xg7
5.Dd2-d4†	f7-f6
6.g3-g4!	Lf5-e6
7.Sd5xf6	Tf8xf6
8.g4-g5	

und der weiße Vorteil kam nach
8. ...Lf5 9.Tad1 b5 10.cb5: ab5:
11.gf6:† Df6: 12.Df6:† Kf6: 13.Td6:
Se6 14.Tb6 Te5 15.Te1 zur Geltung.
0:1.

Die Analyse der folgenden sechs Beispiele für den taktischen Schlag

auf der großen Diagonale über-
lassen wir aber dem Leser.

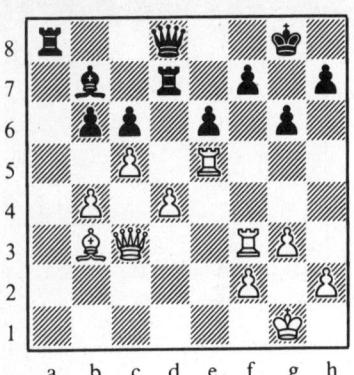

Diagramm Nr. 177

Faragó – Perecz
Ungarn 1979

1.Te5xe6!!	f7xe6
2.Lb3xe6†	Kg8-g7
3.d4-d5†	Kg7-h6
4.g3-g4	

Weiß gewann schließlich nach 4. . . .
Td5: 5.Th3† Th5 6.gh5: Dg5 7.Tg3
Df4 8.hg6: hg6: 9.Tg4 Dc7 10.Th3†
Kg5 11.f4†. 1:0.

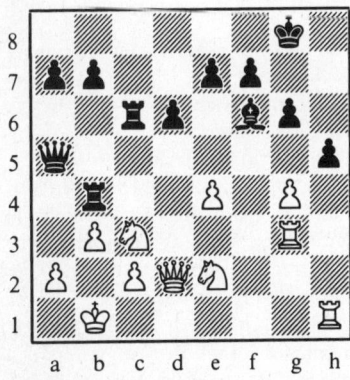

Diagramm Nr. 178

Gobet – Swoboda
Bern 1981

1. . . .	Tb4xe4!!
2.g4xh5!	

2.Se4:?? Da2:†!! 3.Ka2: Ta6†! 4.Kb1
Ta1#.

2. . . .	Te4xe2!

und Schwarz gab nach einigen
Zügen auf. 0:1.

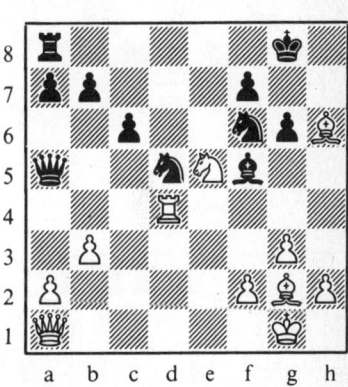

Diagramm Nr. 179

A. Petrosjan – Grigorjan
Eriwan 1980

1.Td4xd5!!	Sf6xd5

1. . . .cd5:? 2.Sc6! bc6: 3.Df6:, +—.

2.Lg2xd5!!	Kf8-h7

2. . . .Dd5: 3.Sd7!!, +—.

| 3.Se5-c4 1:0 | |

(s. Diagramm Nr. 180 nächste Seite)

Nicevski – Sahovic
Zürich 1981

1. . . .	Tb8xb5!!
2.Le3xc5	

2.ab5: Dd4†!!, —+.

2. . . .	Tb5xc5

Nach einigen Zügen gab Weiß auf.
0:1.

111

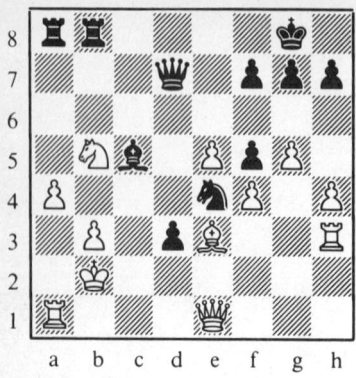

Diagramm Nr. 180

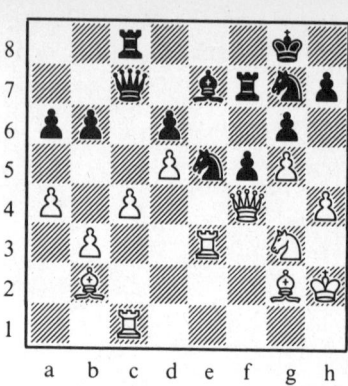

Diagramm Nr. 182

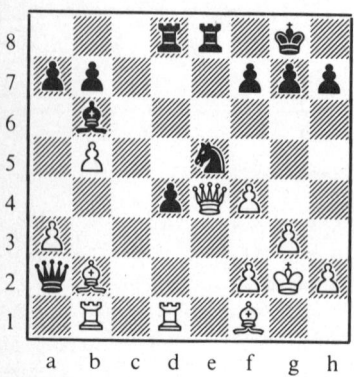

Diagramm Nr. 181

Bönsch – Chandler
Ungarn 1981

1. . . .	f7-f5!!
2.De4xf5	Da2-d5†
3.Kg2-h3	Td8-d6
4.f4xe5	Td6-h6†
5.Kh3-g4	Th6xh2
6.Tb1-c1	h7-h5†
7.Kg4-g5	Lb6-d8† 0:1

Kovács – Vukic
Damenturnier, Tschenstochau 1981

1.Te3xe5!	d6xe5
2.Lb2xe5	Dc7-d7
3.d5-d6	Le7-f8

Anstelle der Partiefortsetzung 4.b4 hätte 4.Ld5 rascher gewonnen. 1:0.

Das Aufeinandertreffen der Kraftlinien

Ein Angriff kann schwerer abgeschlagen werden, falls er aus verschiedenen Richtungen des Brettes vorgetragen wird.
Die Angriffskräfte können die Verteidigung gleichzeitig von mehreren Punkten aus bedrohen. Wo sich die Kraftlinien der angreifenden Figuren treffen, entstehen die für die Verteidigung gefährlichen Schnittpunkte. An diesen Schnittpunkten kann der Druck des Angreifers des öfteren eine schnelle taktische Entscheidung herbeiführen.

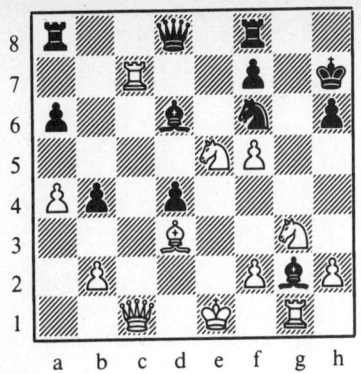

Diagramm Nr. 183

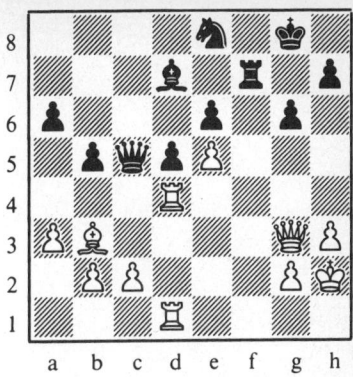

Diagramm Nr. 184

Ribli – Hennings
Leipzig 1973
Die g-Linie und die 7. Reihe sind im Besitz von Weiß, der auch ausgezeichnete Springerbasen zur Verfügung hat. Sein Angriff ist aber anscheinend versandet. Darum muß der Angreifer weitere Reserven einsetzen. Solch eine Möglichkeit ist die Erzwingung der Öffnung der Diagonale d3-h7. Gelingt dies dem Anziehenden, so kann die weiße Dame am Punkt h6 eindringen. Es unterliegt keinem Zweifel, daß die Verteidigung überlastet ist, also hat Weiß irgendeine in dieser Situation brauchbare taktische Waffe einzusetzen.

1.Sg3-h5!!   Dd8xc7
1. . . .Sh5: 2.f6† Kh8 3.Dh6:#.
1. . . .Sg8 2.Tf7:†! Tf7: 3.f6† Kh8 4.Sf7#.
2. . . .Lc7: 3.Tg2: Tg8 4.Tg6! Df8 5.Dh6:†!! Dh6: 6. Sf6:† Kh8 7.Sf7:#.
2.Sh5xf6†   Kh7-g7
3.Sf6-h5† 1:0

Sigurjonsson – Karlsson
Zonenturnier, Randers 1982
1.Td4xd5!!   e6xd5
2. . . .Dc7 3.Td7:! Td7: 4.Le6:†, +—.
2.Td1xd5
2. . . .Dc7 3.Td7:!! Dd7: 4.e6, +—.
Schwarz gab auf. 1:0.

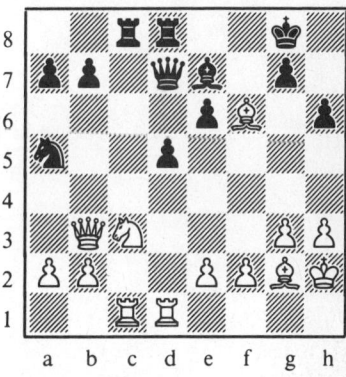

Diagramm Nr. 185

Ribli – Stajcic
Baden-Baden 1981
1.Sc3xd5   Sa5xb3

1. . . .ed5: 2.Dd5:† Dd5: 3.Ld5:†
Td5: 4.Tc8:†, +—.
1. . . .gf6: 2.Tc8: Tc8: 3.Sb6 Sb3:
4.Td7:, +—.

2.Sd5xe7†	**Kg8-f7**
3.Td1xd7	**Sb3xc1**
4.Td7xb7	**Kf7xf6**

Auf 4. . . .Tb8 oder 4. . . .Tc2
käme 5.Sc6, +—.

5.Se7xc8	**Td8xc8**
6.Tb7xa7	

Und nach 6. . . .Tc2 7.b4 Tb2
8.a4 Tb4: 9.a5 Se2: 10.a6 Ta4
11.Ta8 Kf7 12.a7 e5 13.Lc6 gab
Schwarz auf. 1:0.

Diagramm Nr. 187

Diagramm Nr. 186

Müllner – Monostori
Fernschach 1981

1. . . .	**Tc8xc4!!**
2.b3xc4	**Lb7xe4!!**
3.De3xe4	

3.fe4: bc3:, —+.

3. . . .	**b4xc3**
4.Le1xc3	**Lg7xc3**
5.Th1-h2	**Sd7-c5!**

Weiß gab auf. 0:1.

Ivkov – Kagan
Rio de Janeiro 1979

1.Sc3-b5!!	**c6xb5**

1. . . .0-0 2.Sc7 Tb8 3.Lc4 Kg7
4.Se8† Kg8 5.Lh6, +—.
1. . . .Ld8 2.Td8:†!!, +—.

2.Le2xb5†	**Ke8-f8**
3.Le3-h6†	

Auf 3. . . .Kg8 käme 4.Lc4. 1:0.

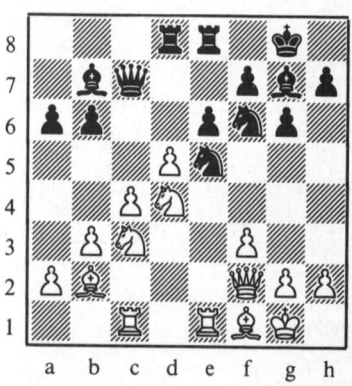

Diagramm Nr. 188

Byrne – Andersson
Amsterdam 1981
1.Sf6-g4!!
1.Dg3 Sf3:†!! 2.Sf3: Dc5† 3.Kh1
Sf2†, —+.
Weiß gab auf. 0:1.

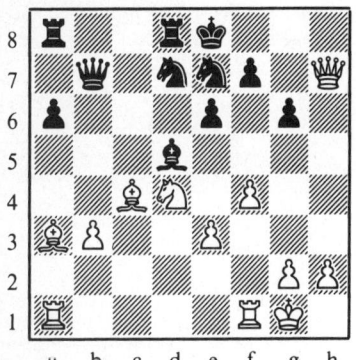

Diagramm Nr. 189

Torre – Dr. Filip
Olympiade, Skopje 1972
1.Sd4xe6!! 1:0

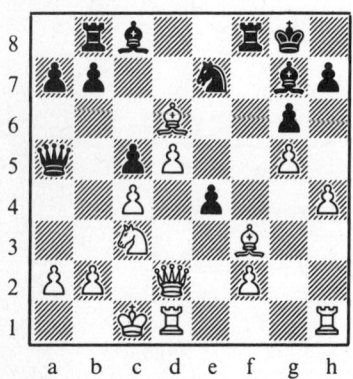

Diagramm Nr. 190

Polajzer – Davies
Graz 1981
1. . . .   Tf8xf3!

2.Ld6xb8   Tf3xc3!!
3.Kc1-b1
3.bc3: Lc3: 4.Dc2 Da3† 5.Kb1
Lf5!, —+.
3. . . .   e4-e3!!
4.fe3: Lf5† 5.Ka1 Tc2! 6.Da5:
Lb2:† 7.Kb1 Te2† führt zu matt.
Weiß gab auf. 0:1

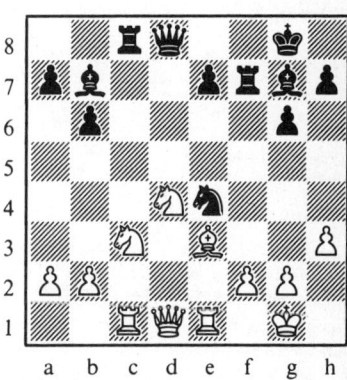

Diagramm Nr. 191

Seregni – Kouatly
Bagni di Lucca 1981
1. . . .   Se4xf2!!
2.Dd2-d2
2.Lf2: Tf2:! 3.Kf2: Ld4:† 4.Kg3
Dd6†, —+.
2. . . .   Tc8xc3!!
3.b2xc3
3.Dc3: Dd5, —+ oder
3.Tc3: Se4 4.Dd3 Sc3: 5.Dc3: Dd5
6.Te2 Da2:, —+.
3. . . .   Dd8-d5
4.Sd4-f3   Sf2xh3†
5.Kg1-h2
5.gh3: Df3: 6.Dh2 Le5, —+.
5. . . .   Dd5-h5
6.Te1-f1   Lg7-e5†
7.Sf3xe5   Sh3-f2†
8.Kh2-g3   Sf2-e4 matt

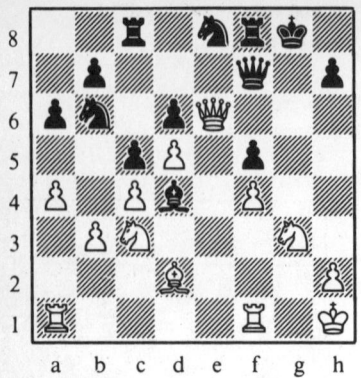

Diagramm Nr. 192

Ftacnik – Ghinda
Zonenturnier, Herkulesbad 1982
1.a4-a5!!   Df7xe6
1. . . .Sd7 2.Sf5:! De6: 3.de6:
a) 3. . . .Tf5: 4.ed7:, +—.
b) 3. . . .Sb8 4.Se7†, +—.
2.d5xe6   Ld4xc3
2. . . .Sa8 3.Sd5! La1: 4.Ta1: Tb8
5.Sh5, +—.
3.Ld2xc3   Sb6-a8
4.Tf1-g1   h7-h6
5.Sg3xf5   Kg8-h7
6.Sf5xd6 1:0

Fesselung

Eine der bekanntesten taktischen Waffen im Schach ist die Fesselung. Der Wert des gefesselten Steines nimmt vorübergehend ab, da er in der Bewegung mehr oder weniger eingeschränkt ist.
Wir unterscheiden einerseits die relative Fesselung, die um den Preis eines Materialverlustes aufgehoben werden kann, andererseits die absolute Fesselung, bei der der gefesselte Stein den König deckt, also völlig lahmgelegt ist, und jeder gegnerische Stein in seinem Wirkungskreis ohne Gefahr des Geschlagenwerdens ziehen kann (freilich mit Ausnahme des Königs).
Untersuchen wir jetzt einige Beispiele für die diagonale Fesselung:

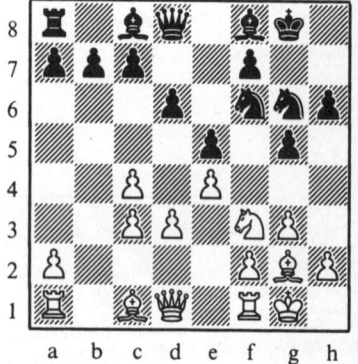

Diagramm Nr. 193

Jansa – Bisguier
Olympiade, Skopje 1972
1.Sf3xg5!!   h6xg5
2.Lc1xg5   Kg8-h7
3.f2-f4   e5xf4
4.g3xf4   Tf8-g8
5.Dd1-e1   Dd8-e7
6.f4-f5   Lc8-d7
7.f5xg6   Tg8xg6
8.De1-h4† 1:0

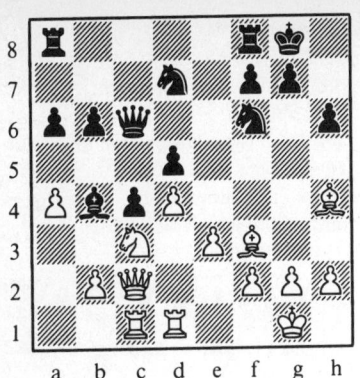

Diagramm Nr. 194

Hort – Karpow
Amsterdam 1981

1.Sc3xd5!!	Sf6xd5
2.Dc2-f5	Dc6xa4
3.Lf3xd5	Ta8-c8

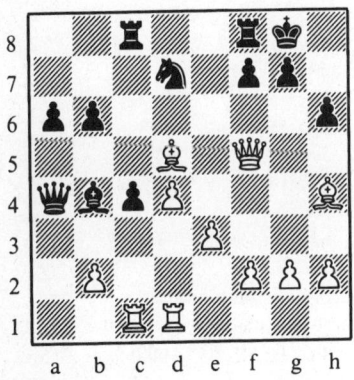

Diagramm Nr. 195

4.b2-b3!!	c4xb3
5.Tc1xc8	Tf8xc8
6.Df5xTf7†	Kg8-h8
7.Ld5xb3	Da4-b5

8.Lb3-e6	Tc8-f8
9.Le6xd7! 1:0	

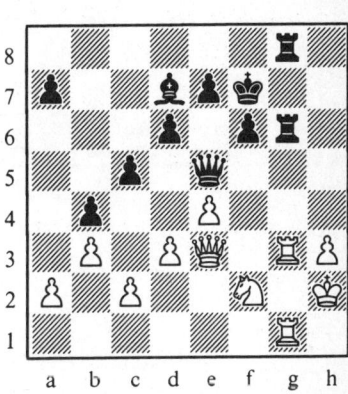

Diagramm Nr. 196

Armas – Grószpéter
Cienfuegos 1980
Wegen der Fesselung ist Weiß völlig ohnmächtig. In solch einem Fall kann eine Änderung des Bauernflügels die Entscheidung leicht herbeiführen.

1.De3-f3	a7-a5
2.Tg1-g2	a5-a4
3.Tg2-g1	

3.ba4: verliert, denn nach den allgemeinen Tauschen erobert der Nachziehende mit La4: die Bauern c2 und a2.

3. . . .	a4-a3
4.Tg1-g2	Ld7-e6
5.Tg2-g1	Tg6xg3
6.Tg1xg3	Tg8xg3
7.Df3xg3	De5-b2!
8.Dg3-h4	Db2xc2†
9.Kh2-g3	Kf7-g7! 0:1

117

Diagramm Nr. 197

Pesantes – Sampouw
Olympiade, Skopje 1972
  1.Ke1-d1!! 1:0
Die Pikanterie des untenstehenden Beispiels liegt darin, daß beide Seiten einander gegenseitig gefesselt haben.

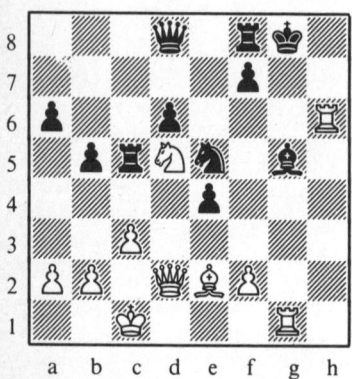

Diagramm Nr. 198

Quinteros – Ljubojevic
Interzonenturnier, Manila 1976
  1. . . .   Se5-f3!!
  2.Le2xf3   Tc5xd5!

3.Th6-h5	f7-f6
4.Th5xg5†	f6xg5

und Schwarz gewann 0:1.
Entsteht eine Fesselung nicht nur auf einer Diagonalen, sondern auch zu gleicher Zeit auf einer Linie, kann die Lage des Verteidigers besonders schwierig werden.

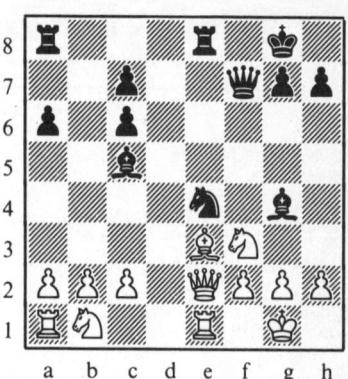

Diagramm Nr. 199

Cholmow – I. Polgár
Ungarn 1979

1. . . .	Se4xf2!!
2.De2xf2	Te8xe3
3.Te1xe3	Df5-f4
4.Kg1-h1	Lc5xe3
5.Df2-f1	Lg4xf3
6.Df1xf3	Df4xf3
7.g2xf3!!	Le3-c1!! 0:1

Jetzt folgt solch eine Stellung, in der Fesselungen auf einer Linie und einer Reihe vorkamen.

(s. Diagramm Nr. 200 nächste Seite)

Keene – Mestel
Esbjerg 1981

1.Le2-h5!!	Dh6xh5
2.Te1xe5†!!	Lg7xe5
3.Sd7-f6†!	

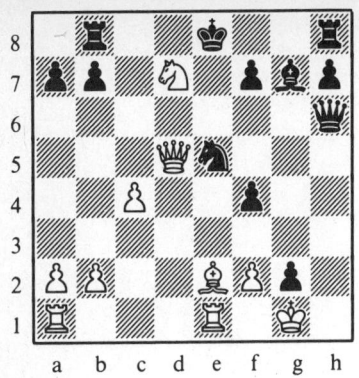

Diagramm Nr. 200

Weiß machte seinen Vorteil nach 3. . . .Lf6: 4.Dh5: geltend. 1:0
Jetzt aber kommen wir auf die Fesselungen, welche auf den Linien zustande gebracht wurden.

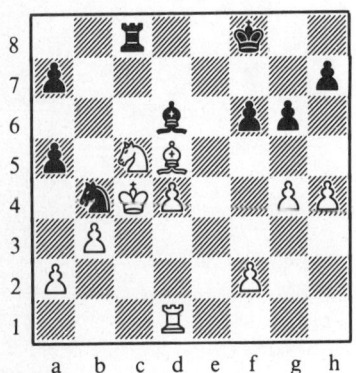

Diagramm Nr. 201

Szabolcsi – Bakcsi
Ungarn 1981
1. . . .   Sb4xd5!!
2.Kc4xd5   Ld6xc5!
3.Td1-c1
Weiß ist genötigt, zur Fesselung

zu greifen, denn auf 3.dc5: gewänne Td8 einen Turm.
3. . . .   Tc8-d8†!!
Zieht hinter dem gefesselten Läufer weg und lenkt den König auf die c-Linie hin.
4.Kd5xc5   Td8-c8†! 0:1

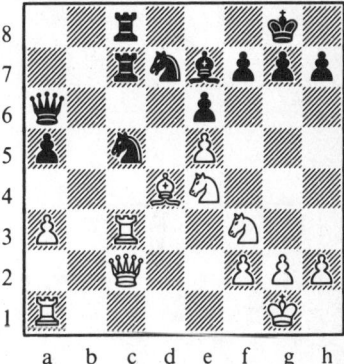

Diagramm Nr. 202

Cholmow – Polugajewski
Don-Rostow 1980
1.Ta1-d1!!   h7-h6
Die 8. Reihe war schwach!
2.Ld4xc5   Sd7xc5
3.Se4-d6   Le7xd6
4.e5xd6   Tc7-c6
5.Td1-c1!!   Da6-a7
6.Sf3-d4! 1:0

Mit dem Aufheben der Fesselung auf taktische Art muß der Angreifer immer rechnen. Sonst kann er leicht überrascht, sogar überrumpelt werden, wie es von den Beispielen auf der nächsten Seite illustriert wird.

119

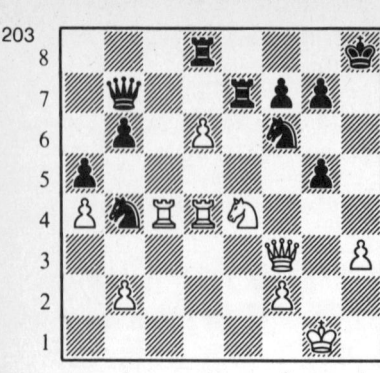

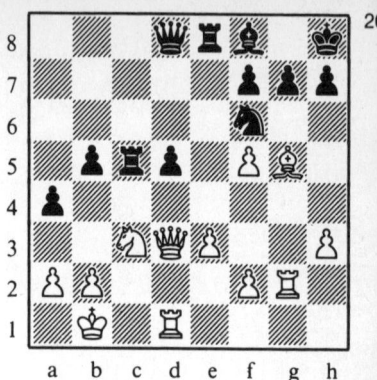

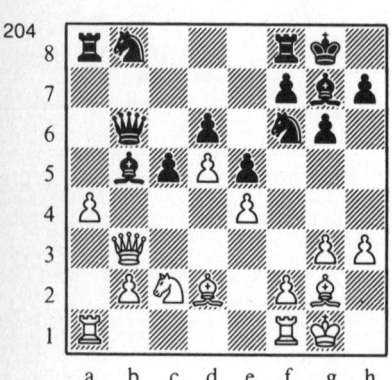

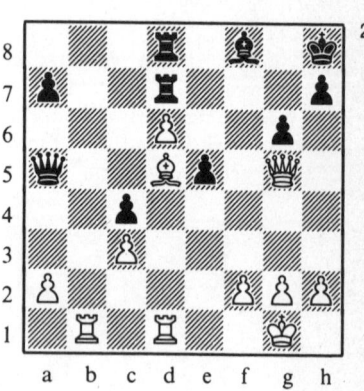

Diagramm Nr. 203

Rasuwajew – Plachetka
Ungarn 1981
  1.Se4xf6!!
1. . . .Df3: wird von 2.Th4†
gh4: 3.Th4:‡ gefolgt.

Diagramm Nr. 204

Smyslow – Kagan
Interzonenturnier, Petropolis 1973
  1. . . .   Ta8xa4!!
  2.Ta1xa4   Sb8-d7!

und Schwarz hat Ausgleich erreicht.

Diagramm Nr. 205
Portisch – Timman
Olympiade, Buenos Aires 1978
1.Td1-d2   b7-b6
Falls 1. . . .Dg4, so 2.g3, ±.
2.a4-a5!   Td8-e8
3.a5xb6!   Lc6-b7
4.h2-h3
Nach 4. . . .g5 5.Da3 a6 6.Dd6
Da4 7.e6! Da1† 8.Kh2 Df1 9.f3
Dc4 10.e7 Dc8 11.Tc2 Db8 12.Tc7
gelang es dem Anziehenden, seinen
Vorteil bis zum Gewinn zu steigern.

Diagramm Nr. 206
Christiansen – Spasski
Linares 1981
1.Sc3-e4!   Te8xe4
1. . . .Tc8? 2.Sf6† gf6: 3.Lf4, +—.
2.Dd3xe4   Dd8-c8

3.De4-d3   Se4
4.f2-f3
Weiß steht überlegen.
Die Fesselung kann natürlich nicht
nur im Angriff, sondern auch in der
Verteidigung eine große Rolle spielen.
Das untenstehende Beispiel zeigt, wie
Schwarz mit einer Fesselung den
vehementen Sturm des Gegners
zähmte.

Diagramm Nr. 207
Kasparow – Kouatly
Graz 1981
1. . . .   e5-e4!
1. . . .Td6: wäre wegen 2.Tb7! verhängnisvoll gewesen.
2.Dg5-h4   Da5xc3 Remis

In folgendem Kapitel besprechen wir
jene taktischen Situationen, in denen
die einzelnen Figuren die Hauptrolle spielen.

Die Rolle des Materials in der Schachtaktik

Der Läufer

Die Kraft des Läufers liegt darin,
daß er äußerst beweglich ist und
seine Wirkung auch aus der Ferne
entfalten kann. Ein Läufer ist
besonders stark, wenn er über freie
Läufe, d. h. Diagonalen verfügt.
In diesem Falle vermag er sowohl
Angriffs- wie auch Verteidigungsaufgaben gleichzeitig zu erledigen.
Gegen die vorrückenden feindlichen
Bauern kann er ebensogut eingesetzt

werden, wie er auch die eigenen Bauern beim Vorstoß unterstützen kann. Man muß auf die Diagonalen von der Farbe des feindlichen Läufers seine besondere Aufmerksamkeit richten.

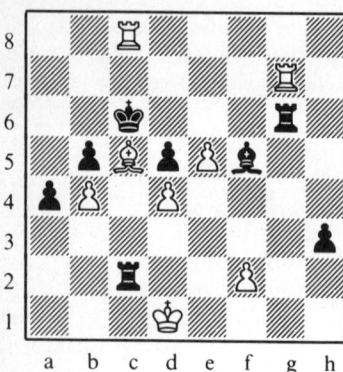

Diagramm Nr. 208

Podrazanskaja – Nyberg
Bad Kissingen 1981
Überall in der Welt wurde diese Stellung in der Presse veröffentlicht, da Schwarz — zur Überraschung — hier die Partie aufgegeben hatte. Wir dürfen aber in solchen Stellungen die Aufgabe nicht übereilen, sondern die Lage unbefangen analysieren.

1. . . .	Lf5xc8!
2.Tg7xg6†	Kc6-c7

2. . .Kb7? 3.Tb6†! Kc7 4.Kc2:, +—.

A)

3.Kd1xc2	Lc8-f5†!!
4.Kc2-d2	Lf5xg6
5.Lc5-d6†	Kc7-d7
6.Ld6-b8	Kd7-e6

und Schwarz gewinnt.

B)

3.Tg6-g7†	Kc7-b8
4.Kd1xc2	h3-h2!!
5.Tg7-h7	Lc8-f5†!

wiederum mit schwarzem Gewinn.
Aus den Varianten A und B zogen die Kommentatoren die Folgerung, daß Schwarz auf Gewinn stände.
Der Verfasser hat aber eine Verbesserung für Weiß gefunden, die in der Variante C enthalten ist:

C)

3.e5-e6!!

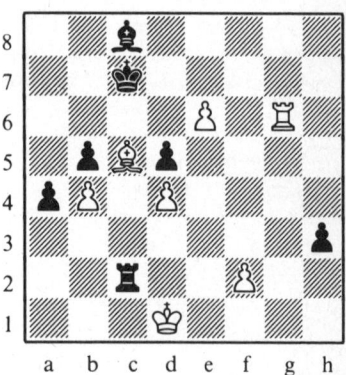

Diagramm Nr. 209

Versperrt die Diagonale des Lc8 und öffnet zu gleicher Zeit die Diagonale b8-h2. Das letztere ist für das Aufhalten des schwarzen Ba4 von großer Bedeutung.
Es ist klar ersichtlich, daß es hier der Nachziehende ist, der um ein Remis zu kämpfen hat.
Den Läufer darf man auch dann nicht außer acht lassen, wenn er in einer vorübergehend geschlossenen Position steht. In diesem Fall kann eine unerwartete Diagonalenöffnung eine unangenehme Überraschung bereiten.

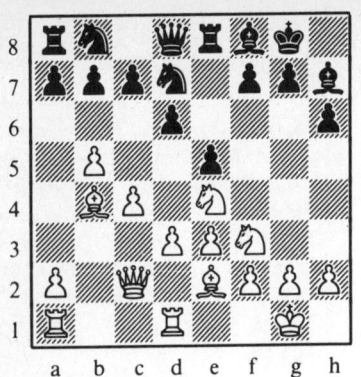

Diagramm Nr. 210

Garcia – Malich
Olympiade, Skopje 1972
1. . . .   d6-d5!! 0:1

In der folgenden Partie war es der schlafende Läufer c2, der den Sieg für Weiß sicherte:

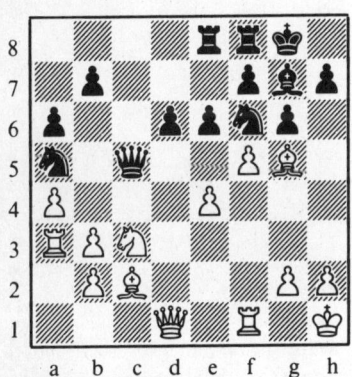

Diagramm Nr. 211

Sznapik – Pawlow
Interzonenturnier
Herkulesbad 1982

1.e4-e5!	**d6xe5**
2.Lg5xf6	**Lg7xf6**

3.Sc3-e4	**Dc5-e7**
4.Se4xf6†	**De7xf6**
5.f5xg6	**Df6-d8**

5. . . .De7 6.g7! Kg7 7.b4 Db4:
8.Tg3†, +—.

6.g6xf7†	**Tf8†f7**
7.Tf1xf7!	**Dd8xd1**
8.Lc2xd1	**Kg8xf7**
9.Ld1-h5†	

Nach einigen Zügen gab Schwarz auf. 1:0

Das Läuferpaar

Der Seite, die im Besitze des Läuferpaares ist, empfehlen wir im allgemeinen, die Stellung zu öffnen.

Diagramm Nr. 212

Hort – Lappöhn
Hamburg 1980
1.c3-c4!!
Schwarz erschrak so sehr über die Öffnung der Diagonalen, daß er die Partie sofort aufgab, statt in einer ungünstigeren Stellung weiter Widerstand zu leisten.

Sehen wir nun einige weitere stellungsöffnende Manöver, welche zur Vergrößerung der Kraft des Läuferpaares eingeleitet wurden.

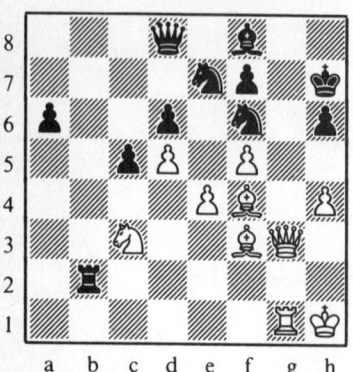

Diagramm Nr. 213

Csonkics – Porubszky
Budapest 1979
1.e4-e5!   **d6xe5**
1. . . .Sf5: 2.Le4!
2.Lf4xe5   **Dd8-b6**
3.d5-d6   **Se7xf5**
4.Lf3-e4   **Db6-b7**
5.Dg3-f3!! 1:0

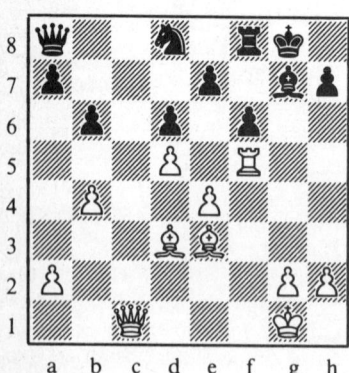

Diagramm Nr. 214

Meleghegyi – Uogele
Fernschach 1978/80
1.e4-e5!   **d6xe5**
a) 1. . . .Sf7 2.ef6: ef6: 3.Th5 h6 4.Lf5, ±.
b) 1. . . .fe5: 2.Th5 Tf7 3.Lh7:† Kf8 4.Dc7!, +—.
2.Tf5-h5   **f6-f5**
3.Ld3xf5   **Da8xd5**
4.Lf5xh7†   **Kg8-f7**
5.Dc1-c2   **Kf7-e6**
6.Th5-g5   **Lg7-f6**
7.Tg5-g8
Auf 7. . . .Tf7 käme 8.Df5†, +—.
Schwarz gab auf. 1:0
Das Läuferpaar ist sehr gefährlich, falls es einen vorgestoßenen Bauern unterstützt.

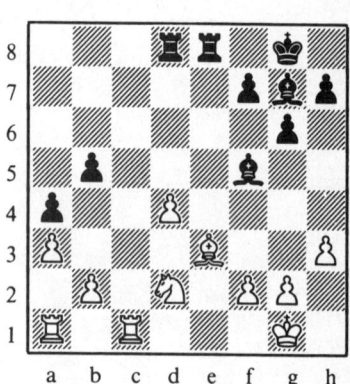

Diagramm Nr. 215

Borik – Lobron
Bundesrepublik Deutschland 1981
Durch ein Qualitätsopfer gewann Schwarz die Oberhand:
1. . . .   **Td8xd4!!**
2.Le3xd4   **Lg7xd4**
3.Tc1-e1   **Te8xe1†**
4.Ta1xe1   **Ld4xb2**
5.g2-g4   **Lf5-e6**

6.Sd2-b1   Le6-c4
7.Te1-d1   Kg8-f8
8.Td1-d2   Lb2-e5
9.Td2-c2
9.Kg2 Ke7 10.Kf3 Ke6 11.Kc4 Ld5†!, —+.
9. . . .   Kf8-e7
10.Kg1-g2   Lc4-d3
11.Tc2-c1

![Diagramm Nr. 216]

Diagramm Nr. 216

11. . . .   b5-b4
Und nach 12.ab4: Lb1: 13.Tb1: a3
14.Te1 Kd6 15.f4 Lb2 verwertete
Schwarz seinen Vorteil. 0:1

(s. Diagramm Nr. 217 rechts oben)

Dussol – Azadharf
Vitrolles 1981
1. . . .   Tc8xc3!
2.b2xc3   Lf5-c2
3.Td5-d4   Ta8-c8
4.Dc1-b2   Da7-a5
Nach 5.c4 Td8 6.Tc1 Td4: 7.ed4:
Dd2 8.Da3 Ld4: 9.Kh1 Ld1!
Weiß gab auf. 0:1

![Diagramm Nr. 217]

Diagramm Nr. 217

Jetzt aber machen wir uns mit dem
Läuferpaar bekannt, das im Vorfeld
des Königs stört.

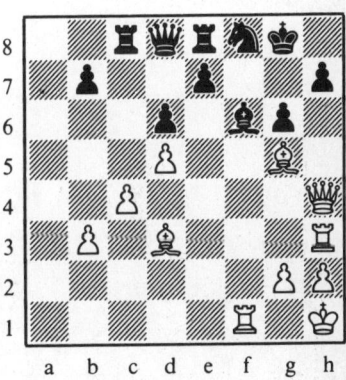

Diagramm Nr. 218

Portisch – Reshevsky
Interzonenturnier, Petropolis 1973
1.Ld3xg6   h7xg6
2.Tf1xf6!
2. . . .ef6: 3.Dh8† Kf7 4.Th7† Sh7:
5.Dh7:† Kf8 6.Lh6 #.
Schwarz gab auf. 1:0

Diagramm Nr. 219

Ribli – Seirawan
Malta 1980

1.Td1xd6!!	Sd7-e5

1. ... cd6:?? 2.Ld6:† Kc8 3.Sa7:#.

2.Td6xd8†	Th8xd8
3.0—0	Le6-d7
4.Sb5-d4	Ld7-a4

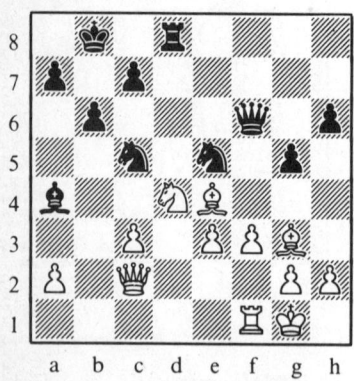

Diagramm Nr. 220

5.Lg3xe5!

5. ... De5: 6.Da4:!! Sa4: 7.Sc6†, +—.

Schwarz gab auf. 1:0

Der Springer

Der Springer kann sich in den verschiedensten taktischen Situationen vortrefflich geltend machen. Heutzutage wird der Springer jedoch oft unbegründet unterschätzt. In unserem Buch „Das Mittelspiel" haben wir schon darauf hingewiesen, wie unrichtig diese Auffassung ist.

Diagramm Nr. 221
Miles – Schneider
Philadelphia 1980

1.Dc8xf8†!!	Dd6xf8
2.Sd5-e7†	Kg8-h7
3.Tb8xf8	b3-b2

Diagramm Nr. 222

4.Se7-g6!	f7xg6
5.Tf8xf1 1:0.	

Diagramm Nr. 223
Káposztás – Széles
Ungarn 1981

1.Da4xd4!!	Dd5xd4
2.Lf1xb5†	Lc8-d7
3.Lb5xd7†	Dd4xd7
4.Se5xd7	

Weiß steht überlegen.

Diagramm Nr. 224
Franzoni – Gfeller
Basel 1978

1.Sc4-d6†!!	c7xd6

1. ... Kb8 2.Sf5, +—.

2.Td3xd6	De6-e8
3.Td6xc6†	Kc8-b7
4.Dd2-d5!	De8-f7
5.Tc6-c7†!! 1:0	

Diagramm Nr. 225
Tóth – Wirthensohn
Biel 1981

1. ...	Se4xf2
2.Lh3-f5	g7-g6!

2. . . .Da7?? 3.Db4:!! Sd3† 4.Db6!,
+—.

3.Ta1-f1	**Sf2-e4**
4.Lf5xe4	**De7-a7†**
5.Kg1-h1	**Tb4xe4**
6.Da3-d6	**Te4-e2**

Schwarz machte langsam aber sicher seinen Vorteil geltend.

Der Springer springt zwischen zwei entfernten Punkten des Schachbretts und kann überspringend dem Schlagkreis der Verteidigungskräfte entgehen.

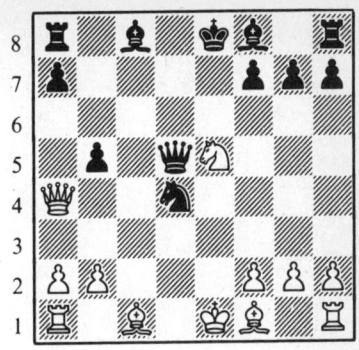

223

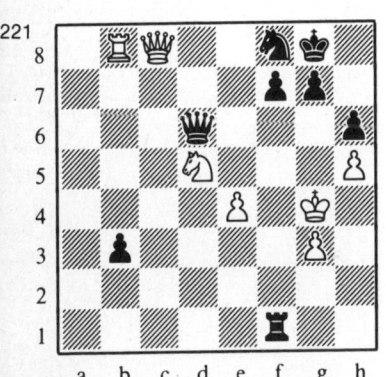

221

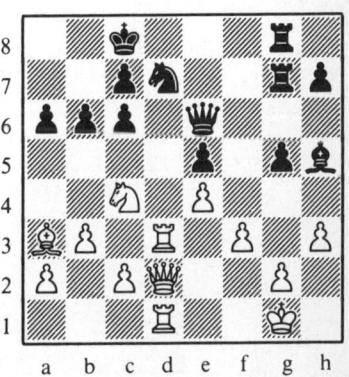

224

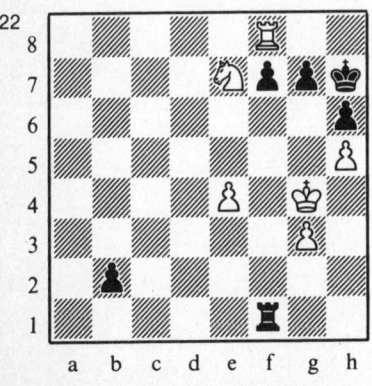

222

225

127

Diagramm Nr. 226

Portisch – Bobozow
Olympiade, Skopje 1972

1.Se2-f4!	**Ld5-b7**
2.Tf1-e1	**Sb8-c6**
3.Sf4-h5	**Ke8-f8**

a) 3. . . .0-0 4.Sg7: Kg7: 5.Dg4† Kh8
6.Df5, +—.

b) 3. . . .g6? 4.Sf6† Kf8 5.Lh6#.

Diagramm Nr. 227

4.Sh5xg7!! **h7-h6**
4. . . .Kg7:? 5.Dg4† Kf8 6.Lh6†
Ke8 7.Dg7 Tf8 8.Df8:#.

5.Sg7-f5	**Le7-g5**
6.Sf5-d6	**Dd8-c7**

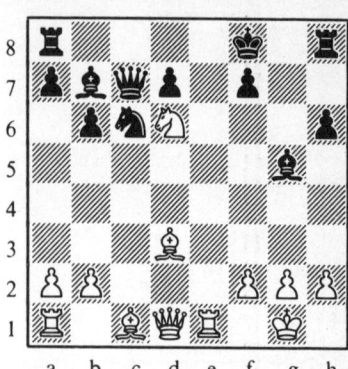

Diagramm Nr. 228

7.Ld3-g6!! **Sc6-e7**
7. . . .fg6:? 8.Df3† und 9.Df7#.

8.Lg6xf7	**Th8-h7**
9.Lf7-b3	**Dc7-c6**
10.Sd6xb7	**Dc6xb7**
11.Lc1xg5	**h6xg5**
12.Dd1-d3	**Th7-g7**

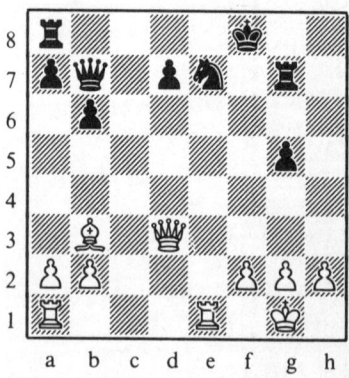

Diagramm Nr. 229

13.Te1xe7!! **Kf8xe7**

Oder 13. . . .Te7: 14.Ld5! Db8
15.Df3† gewinnt für Weiß.
14.Lb3-d5!
Auf Db8 käme 15.De4† usw.
Schwarz gab auf. 1:0.

Das Springerpaar

Das Springerpaar kann auch für
den Überfall gut gebraucht werden.

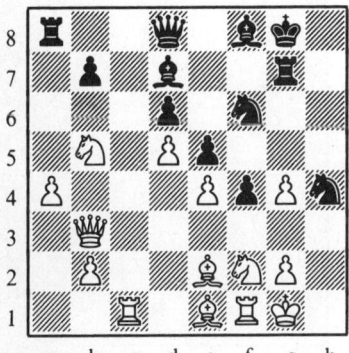

Diagramm Nr. 230

Ftacnik – Sznapik
Zonenturnier, Herkulesbad 1982

1. . . .	Sf6-h5!
2.Tc1-c3	Sh5-g3
3.Tc3xg3	f4xg3
4.Db3xg3	Ta8xa4
5.Sb5-c3	Ta4-a1
6.Sf2-d1	Lf8-e7
7.Sd1-e3	Sh4-g6
8.Dg3-f2	Le7-h4!
9.g2-g3	

(s. Diagramm Nr. 231 links oben)

9. . . .	Sg6-f4
10.Kg1-h2	Sf4xe2

Diagramm Nr. 231

11.g3xh4	Se2-f4
12.g4-g5	Tg7-h7
13.Se3-f5	Ld7xf5
14.e4xf5	Sf4-d3!
15.Df2-g3	Ta1xe1
16.Tf1xe1	Sd3xe1

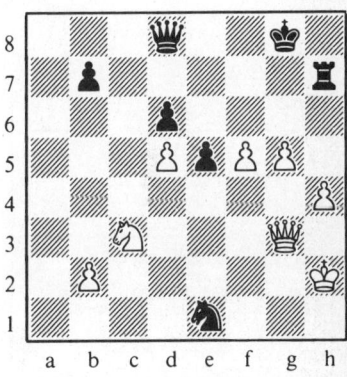

Diagramm Nr. 232

17.Kh2-h3	Dd8-c8
18.Dg3-g4	Se1-d3
19.Sc3-e4	Dc8-c1
20.Dg4-f3	Sd3-f4†
21.Kh3-g4	Dc1-g1†

129

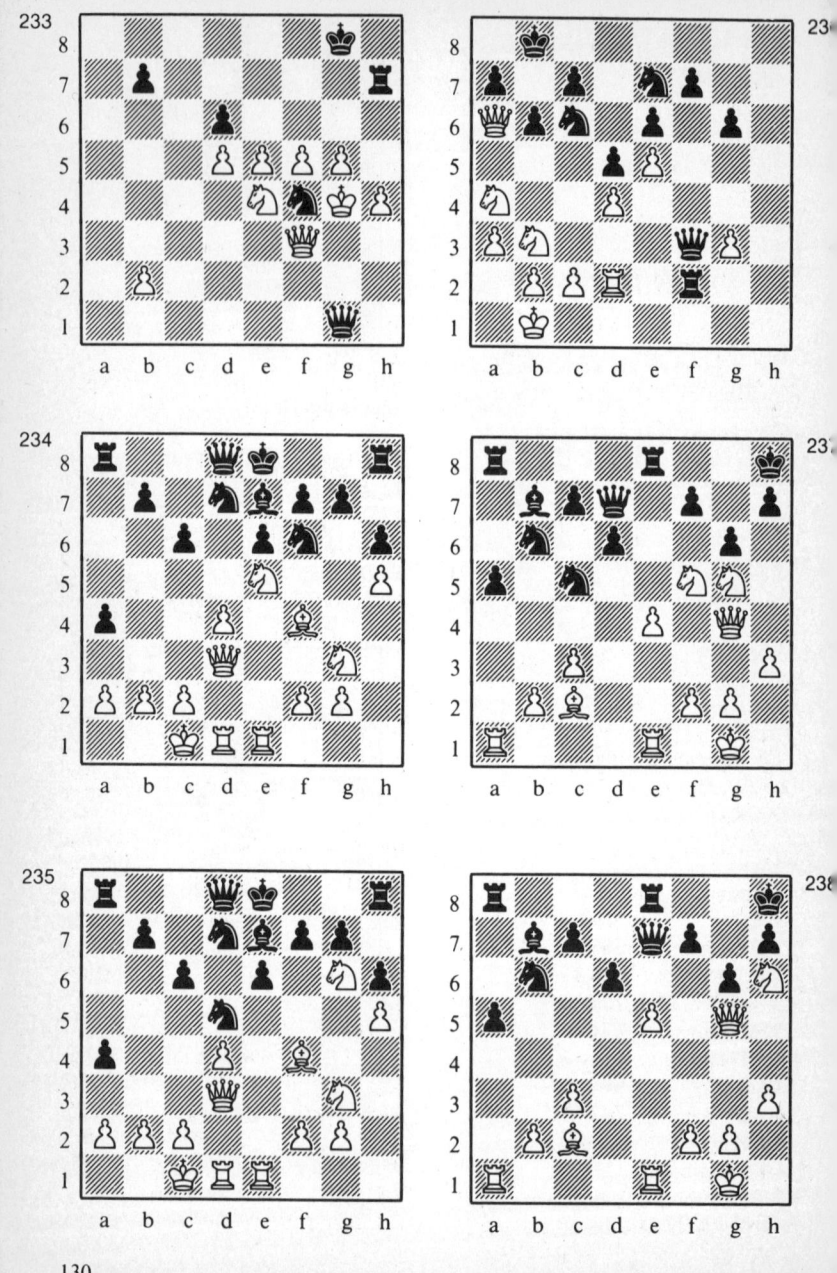

Diagramm Nr. 233
a) 14.Sg3 Th4:† 15.Kh4: Dh2†
16.Kg4 Dh3#.
b) 14.Dg3 Th4:† 15.Kh4: Dh1†
16.Kg4 Dh5#.
Weiß gab auf. 0:1.

Diagramm Nr. 234
Beljawski – Larsen
Tilburg 1981
  1.Se5-g6   **Sf6-d5**
1. . . .fg6: 2.Dg6:† Kf8 3.Te6: De8
4.Tde1 Dg6: 5.hg6: Lb4 6.c3, +—.

Diagramm Nr. 235
  2.Sg3-f5!!   **Le7-f8**
a) 2. . . .Sf4:?? 3.Sg7:#.
b) 2. . . .fg6:?? 3.Sg7:† Kf7 4.Se6:,
+—.
  3.Lf4-d6!   **Th8-g8**
  4.c2-c4   **Sd5-b4**
  5.Dd3-h3   **f7xg6**
  6.Te1xe6†   **Ke8-f7**
  7.h5xg6†   **Kf7xe6**
  8.Td1-e1†   **Sd7-e5**
8. . . .Kf6 9.Sh4 Da5 10.Te6† Kg5
11.Lf4† Kf4: 12.Dg3#.
  9.Lf4xe5 1:0

Diagramm Nr. 236
Rantanen – Huss
Zonenturnier, Randers 1982
  1.Sb3-c5!!   **Sc6-d8**
  2.Sc5-d7†   **Kb8-a8**
  3.Sa4xb6†!   **c7xb6**
  4.Sd7xb6†   **Ka8-b8**
  5.Sb6-d7†   **Kb8-a8**
  6.Td2-d3   **Df3-h1†**
  7.Kb1-a2   **Tf2-f3**
  8.Da6-d6
Und nach einigen Zügen gab
Schwarz auf. 1:0.

Diagramm Nr. 237
Popovic – L. Lengyel
Pécs 1980
  1.e4-e5!   **Sc5-e6**
  2.Sf5-h6   **Se6xg5**
  3.Dg4xg5   **Dd7-e7**

Diagramm Nr. 238
  4.e4xd6!   **De7xg5**
  5.Sh6xf7†   **Kh8-g7**
  6.Sf7xg5
und nach einigen Zügen gab
Schwarz auf. 1:0.

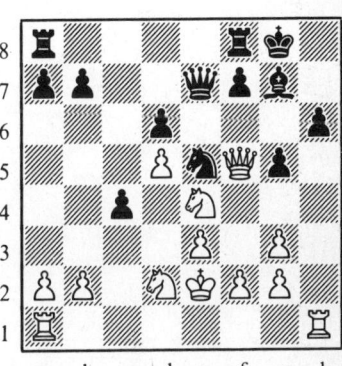

Diagramm Nr. 239

Psachis – Gawrikow
Zonenturnier, Eriwan 1982
  1.Th1xh6!!   **Se5-g6**
1. . . .Lh6:?? 2.Sf6† Kg7 3.Dh7†
Kf6: 4.Se4#.
  2.Th6-h5
2. . . .De5 ².De5: Le5: 4.Tb1 g4
5.f4 gf3:† 6.gf3: f5 7.Sg5 Se7 8.f4
Lh8 9.Se6 Tfc8 10.e4 a5 11.ef5:
Sd5: 12.Se4 c3 13.Tbh1 Sf6 14.Sf6:†
Auf 14. . . .Sf6: käme 15.Tg5†
Kf7 16.Tg7† Mattangriff.
Schwarz gab auf. 1:0.

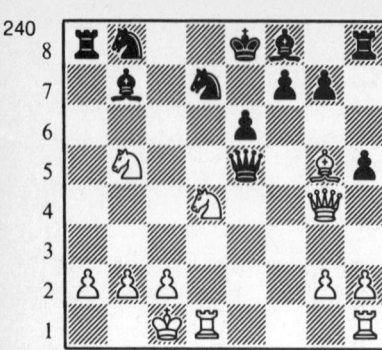

240

24

241

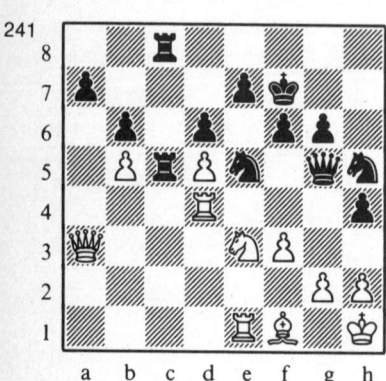

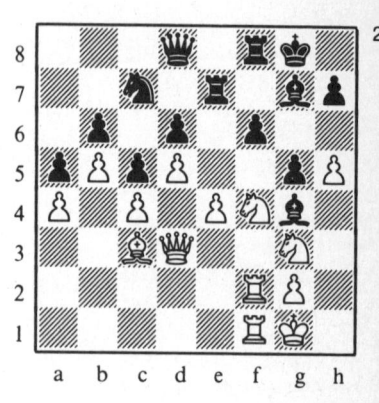

24

242

Diagramm Nr. 240
S. Szilágyi – Buza
Fernschach 1979

1.Sb5-c7†   De5xc7
2.Sd4xe6!   Dc7-e5
3.Se6-c7†!!   De5xc7
4.Th1-e1†   Sd7-e5
5.Te1xe5†   Dc7xe5
6.Td1-d8#

Diagramm Nr. 241
Känel – Bichsel
Biel 1981

1. . . .   Sh5-g3†

2.h2xg3   h4xg3
3.Kh1-g1   Dg5-h5
4.Lf1-d3

Diagramm Nr. 242

4. . . .   Se5xf3†
5.Kg1-f1   Sf3xd4 0:1

Auch der Springer und das Springerpaar brauchen Eindringungspunkte,
sowie vorübergehende oder ständige
Basen. Diese hat sich der Angreifer
auf taktische Weise in den nachstehenden Partien verschafft.

Diagramm Nr. 243

Harandi – Torre
Interzonenturnier, Manila 1976

1.f4-f5!   g6-g5
2.Dh4-h5   Sd7-e5
3.Sf3xe5   d6xe5
4.Ta1-d1   Kh8-g7
5.Th3-d3   Lc8-d7
6.Dh5xf7† 1:0

Diagramm Nr. 244

Tóth – Pártos
Biel 1981

1.h5-h6!   Lg7-h8
1. . . .Lh6:? 2.Sfh5!, +—.

2.Sf4-h5   Te7-f7
3.Dd3-d2   Lg4xh5
5.Sg3xh5

und nach 4. . . .Se8 5.De3 De7
6.Dd3 Dd7 7.Tf5 Te7 8.Df3 T8f7
9.Sf6:† Lf6: 10.Lf6: Sf6: 11.Tf6:
g4 12.Df4 Tf6: 13.Df6: Tf7 14.Dg5:
Schwarz gab auf. 1:0

Leichtfiguren

Theoretisch ist eine Dame mit drei
Leichtfiguren gleichwertig, aber die
taktischen Schläge der harmonisch
zusammenwirkenden Leichtfiguren
können sich als stärker erweisen.
Das ist besonders dann der Fall,
wenn ein einziger Punkt von mehreren Leichtfiguren gleichzeitig angegriffen wird oder ein Freibauer von
mehreren Leichtfiguren vorwärts
„gedrängt" wird.

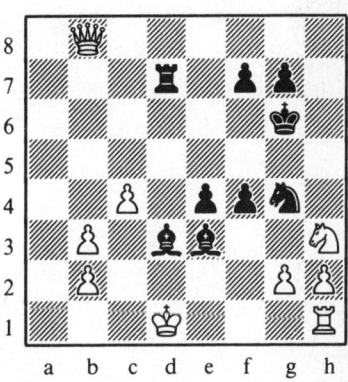

Diagramm Nr. 245

G. Binder – S. Oláh
3. Fernschach-Weltcup-Finale
1977/79

1. . . .   Ld3xc4†!!
1. . . .Ta7?? 2.Da7:!! La7: 3.Sf4:†
Kg5 4.Sd3:, +—.

2.Kd1-c2   Lc4-d3†
3.Kc2-d1

3.Kc3 Sf6! (Es droht mit Sd5 matt)
Lf4: 5.Df4: Sd5†, —+.
a) 4.Sf4:† Lf4: 5.Df4: Sd5†, —+.
b) 4.b4 Tc7†! 5.Kb3 (5.Dc7: Sd5†!)
5. . . .Lc2† 6.Ka3 Ta7†, —+.

3. . . .   Td7-a7
4.Sh3xf4†

4.Dd6† Kf5 5.Dd5† Se5, —+.
4.Da7: La7: 5.Sf4: Kf5, —+.

4. . . .   Kg6-h7
5.Db8xa7   Sg4-f2†
6.Kd1-e1   Le3xa7

7.Sf4xd3	Sf2xh1
8.Sd3-e5	f7-f6
9.Se5-c4	Sh1-f2
10.Ke1-d2	La7-c5 0:1

Diagramm Nr. 246

Tarjan – Rodriguez
Olympiade, Buenos Aires 1978

1.e5xf6!!	Td8xd2
2.Td1xd2	Lg7-f8
3.f6-f7†	Kg8-g7
4.Sb3xc5	Sc6-e5
5.Sc5-e4	Se5xf7

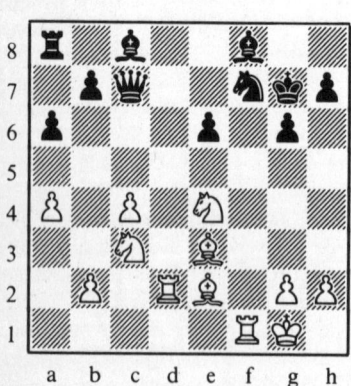

Diagramm Nr. 247

6.Se4-f6!!	Kg7-h8
7.Sc3-e4	Lf8-g7
8.c4-c5	e6-e5
9.Sf6-d5!	Dc7-c6
10.Tf1xf7	Lc8-e6
11.Tf7-c7	Dc6-a4
12.Sd5-f6	Ta8-f8

Diagramm Nr. 248

13.Le3-h6!!	Lg7xf6
14.Se4xf6	Tf8xf6
15.Td2-d8†	

Auf 15. ...Lg8 kommt 16.Lg7 matt.
Schwarz gab auf. 1:0

(s. Diagramm Nr. 249 nächste Seite)
Bilek – A. Mattson, A. Bodin, L. Westlung
Gävle 1981

1.Dd2xd8!!	Tf8xd8
2.Td1xd8†	Se6xd8
3.Te7xg7†	Kg8-h8

3. ...Kf8 4.Tf7† Kf7: 5.Se5†, +—.

4.Sf3-g5	Dc4-b4

Schwarz verhindert 5. Te7. Andere Möglichkeiten:
a) 4. ...Dd4 5.g4! Lc2 6.Te7 Kg8

134

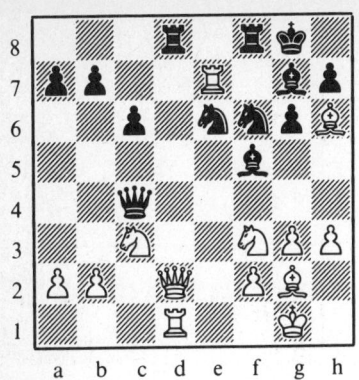

Diagramm Nr. 249

7.Le4! La4/7. ...Le4:? 8.Se4:,
+—. 8.Tg7† Kh8 9.Sf7† Sf7: 10.Tf7:
und droht Lg7†, +—.
b) 4. ...Dc5 5.g4 Lc2 6.Le4, +—.

5.Sg5-f7†   Sd8xf7
6.Tg7xf7   Sf6-d7
7.Sc3-e4!   Lf5-e6

7. ...Le4: 8.Td7: Kg8 9.Tg7† Kh8
10.Le4: De4: 11.Tf7, +—.

8.Tf7-g7!
8.Ld2 Dd2:!, =.

8. ...   Sd7-f8

Diagramm Nr. 250

9.Tg7-c7!
Es droht 10.Lg7† und 11.Sf6 matt!

9. ...   Sf8-d7
10.Tc7-c8†   Le6-g8

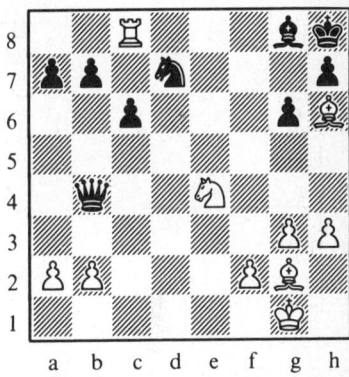

Diagramm Nr. 251

11.Lh6-d2!
Und gegen 12.Lc3† Se5 13.f4! ist
kein Kraut gewachsen!
Schwarz gab auf. 1:0

Der Turm

Wir haben uns mit der Rolle der
Türme schon bei der Besprechung
der Linien und Reihen vertraut gemacht. Jetzt untersuchen wir trotzdem einige Beispiele mit dem Thema
„aktiver Turm gegen passiven
Turm (s. Diagramme auf der nächsten Seite).

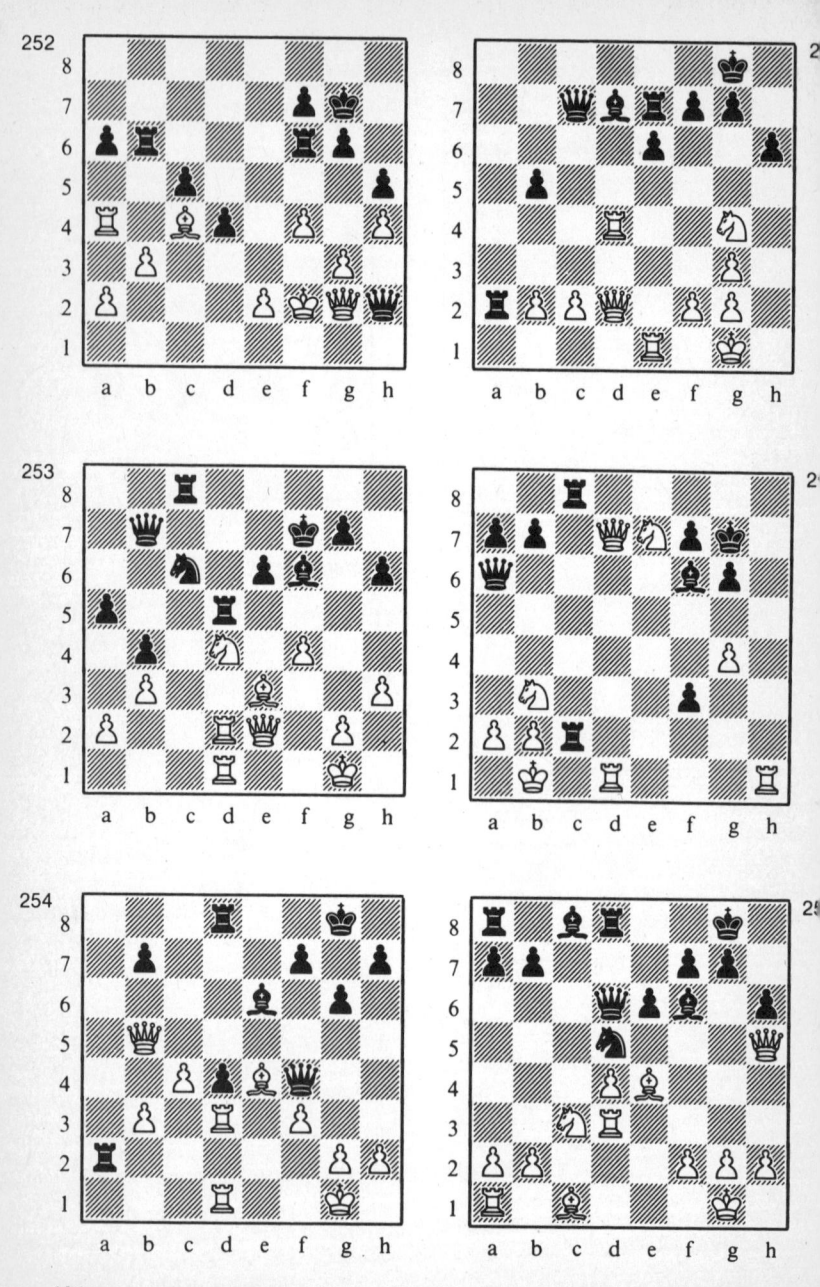

252

253

254

Diagramm Nr. 252
Beljawski – Spasski

1. . . .	Tf6xf4†!!
2.g3xf4	Dh2xf4†
3.Kf2-g1	Tb6-f6
4.Ta4xa6	Df4-e3†
5.Kg1-h2	Tf6-f4
6.Dg2-g3	De3-e4

Schwarz steht auf Gewinn.

Diagramm Nr. 253
Gligoric – Ljubojevic
Linares 1981

1.Sd4xe6!	Td5xd2
2.De2xd2	

Auf 2. . . .Ke6: 3.Dd5† Ke7 4.Lc5†
Ke8 5.Dg8 matt. 1:0

Diagramm Nr. 254
Luczak – Espig
Leipzig 1980

1. . . .	Le6-h3!
2.g2-g3	Df4-h6
3.Db5-b4	Ta2-g2†
4.Kg1-h1	Tg2-e2
5.Td3-d2	Lh3-g2†
6.Kh1-g1	Dh6-e3#

Diagramm Nr. 255
T. Horváth – Navarovsky
Budapest 1980

1.Sg4-f6†!	g7xf6
2.Dd2xh6	Ta2-a4
3.Td4xa4	b5xa4
4.Te1-e4	f6-f5

In dieser Stellung hätte Weiß statt
der Partiefortsetzung (5.Th4? De5!)
auf einfache Weise gewinnen können.

5.Dh6-g5†!	Kg8-f8
6.Dg5-f6!	Te7-e8
7.Te4-h4	

und gegen 8.Th8# gibt es keine
Verteidigungsmöglichkeit.

Diagramm Nr. 256
Pirisi – Sápi
Budapest 1980

1.Se7-f5†!	g6xf5

1. . . .Kf8 2.De7†!! Kg8 (2. . . .Le7:
3.Th8#) 3.Sh6† führt zu Matt.

2.Th1-h7†!	Kg7xh7
3.Dd7xf7†	Kh7-h6

3. . . .Lg7 4.Th1† Dh6 5.Th6:†
Kh6: 6.Dh5#.

4.Df7-h5†	Kh6-g7
5.Td1-d7†	Lf6-e7
6.Td7xe7†	

und nach 6. . . .Kf6 7.Dh4†! Kg6
8.gf5:† Kf5: 9.Sd4† Kg6 10.Dh7†
Kg5 11.Df5† Kh4 12.Th7† Kg3
13.Df3: kam Matt. 1:0

Diagramm Nr. 257
Braga – Larsen
Mar del Plata 1982

1.Lc1xh6	g7xh6
2.Dh5xh6	Lf6-g7
3.Td3-g3	Dd6xg3
4.Dh5-h7†	

Nach 4. . . .Kf8 5.hg3: Sf6 6.Dh4
Td4: 7.Td1 Td1:† 8.Sd1: Ld7 9.Lb7:
Td8 10.Db4† Kg8 11.Da5 gab
Schwarz auf. 1:0

Die Dame

Die Dame ist eine Figur von univer-
sellem Bewegungsvermögen, die sowohl auf den Diagonalen wie auch
auf den Linien und Reihen gleichfalls einzusetzen ist. Hinsichtlich
ihrer Bewegungskapazität kann sie
den Angriff großartig organisieren
und unterstützen. Sehen wir uns nun
einige Beispiele an, welche für die
„Führungsrolle" der Dame kennzeichnend sind (s. Diagramme auf
der nächsten Seite).

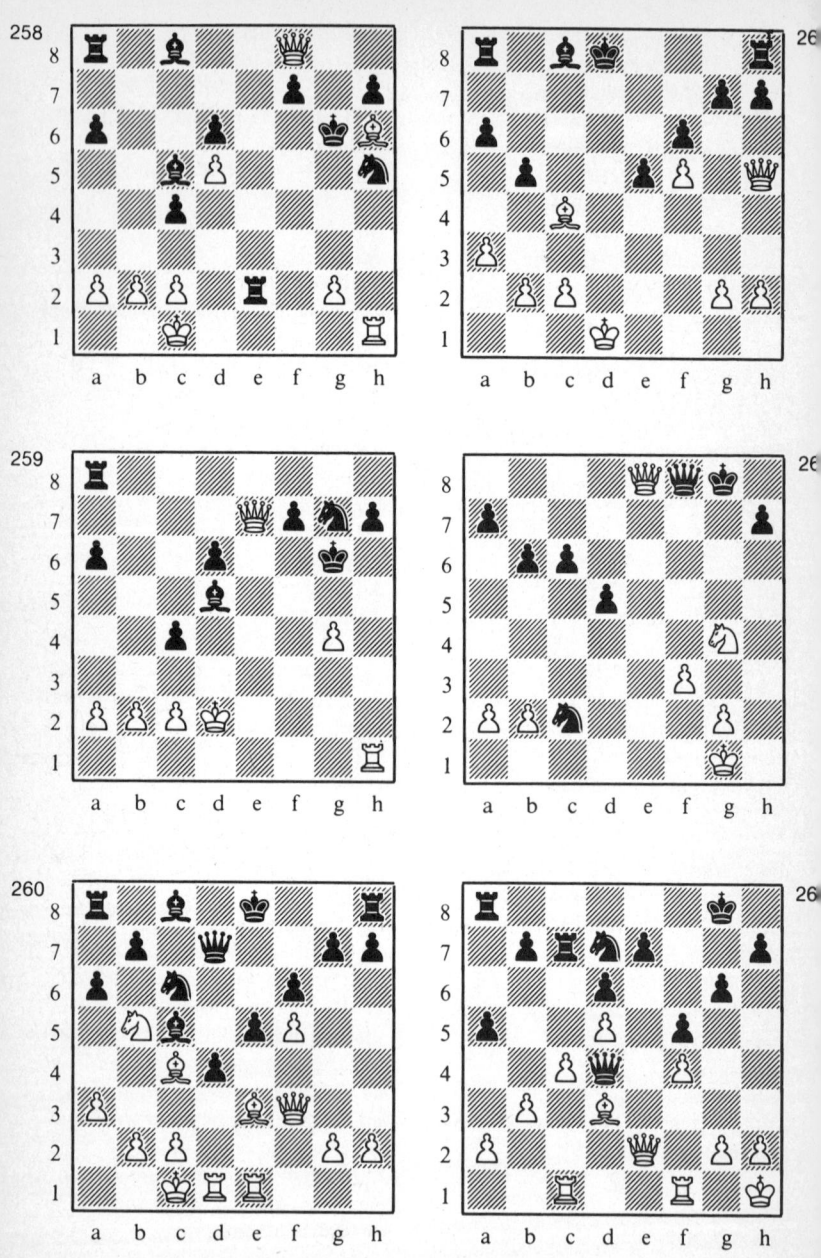

Diagramm Nr. 258
Sisnega – Romanischin
Mexico City 1980

1.Lh6-d2	Te2xd2
2.Kc1xd2	Sh5-g7
3.g2-g4	Lc8-b7
4.Df8-e7	Lb7xd5

Diagramm Nr. 259
5.Th1-h6† 1:0.

Diagramm Nr. 260
Murey – Tiller
Zonenturnier, Randers 1982

1.Le3xd4	Sc6xd4
2.Sb5xd4	Lc5xd4
3.Td1xd4	Dd7xd4
4.De2-h5†	Ke8-d8

4. . . .g6 5.fg6: Df4† 6.Kb1 Kf8
7.g7† Kg7: 8.Df7† Kh6 9.Td6 +—.

5.Te1-d1	Dd4xd1†
6.Kc1xd1	b7-b5

Diagramm Nr. 261
7.Dh5-f7!!
Sonst käme 7. . . .Ta7 usw.

7. . . .	Lc8-d7
8.Lc4-e6!	

Und nach 8. . . .Ta7 9.Dg7: Te8
10.Df6:† Kc8 11.Ld5 Weiß steht
überlegen 1:0.

Diagramm Nr. 262
Pritchett – Forintos
Olympiade, Skopje 1972
Statt 1.Sf6†?? könnte Weiß besser
spielen:
1.De8-e6†
a) 1. . . .Kh8 2.Sh6 (und jetzt droht
De5† Db8†) 2. . . .Kg7 3.Sf5† Kh8

4.g4 d4 5.g5 d3 6.De5† Kg8 7.Sh6†
+—.
b) 1. . . .Kg7 2.Dh6† Kg8 (2. . . .
Kf7 3.Dh7† und 4.Dc2: +—) 3.Dg5†
Dg7 (3. . . .Kf7 4.Df5† und 5.Dc2:)
4.Sh6† und 5.Dd8† führt zu Matt.

Diagramm Nr. 263
Nowikow – Tschernin
Don-Rostow 1980

1.De2xe7!!	Dd4xd3
2.De7xd6	Ta8-c8
3.Dd6-e6†	Kg8-h8
4.d5-d6	Sd7-f8
5.De6-f6†	Tc7-g7
6.Tc1-d1!	Dd3-e2
7.Tf1-e1 1:0.	

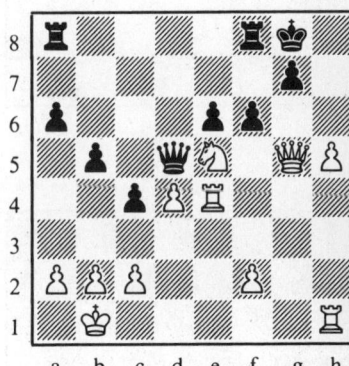

Diagramm Nr. 264

Hort – Chandler
Wijk aan Zee 1982
1.h5-h6!
1. . . .fg5: 2.h7† Kh8 3.Sg6#.
Schwarz gab auf. 1:0.

139

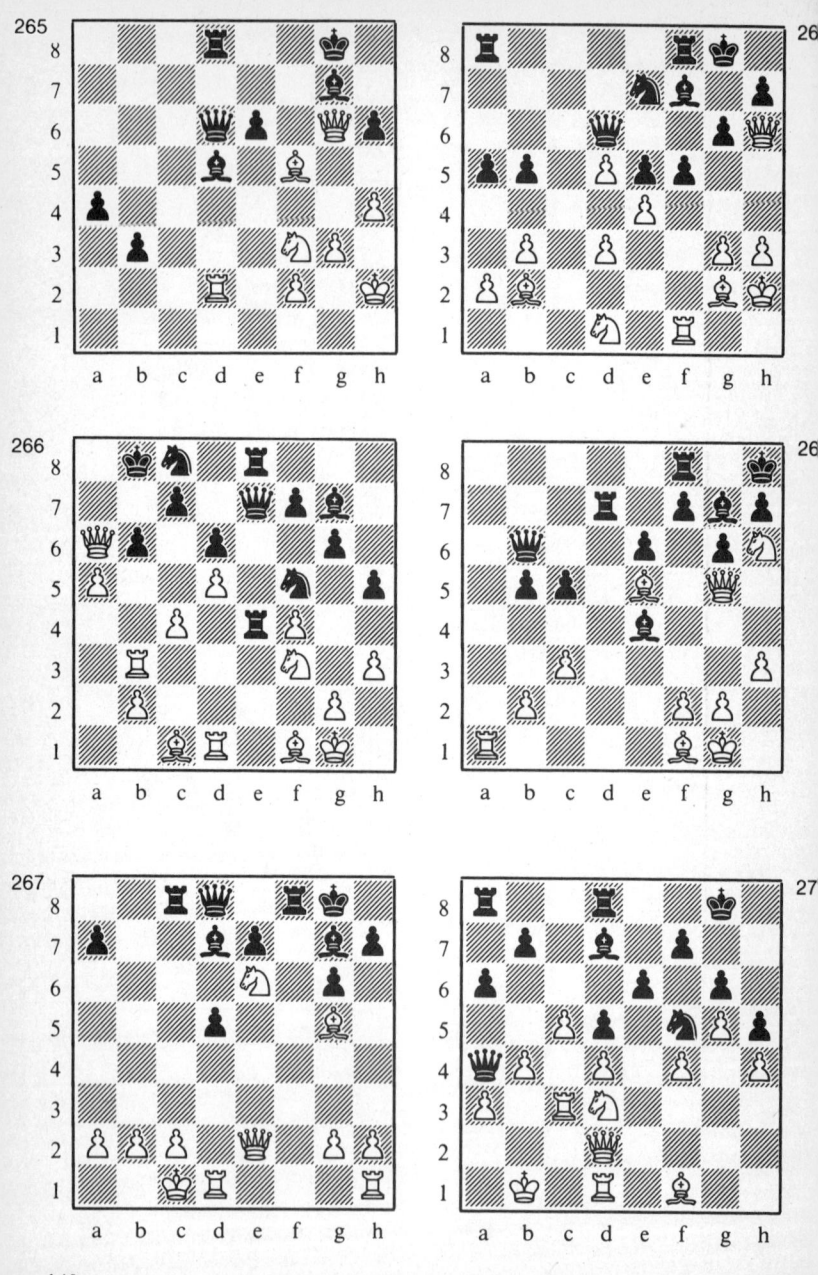

Diagramm Nr. 265
Rajna – Popovic
Pécs 1980
1.Td1xd5!   e6xd5
2.Lf5-e6†   Kg8-h8
3.Sf3-g5! 1:0.

Diagramm Nr. 268
Bilek – Karsa
Pécs 1980
1.d3-d4!!   Lf7xd5
2.d4xe5!   Dd6-e6
3.e4xd5   Se7xd5
4.Sd1-c3   Sd5xc3
5.Lg2xa8   Sc3xa2
6.La8-g2   De6xb3
7.Tf1-d1 1:0.

Diagramm Nr. 266
Karpow – Alburt
Olympiade, Malta 1980
1.c4-c5!!   d6xc5
2.Lf1-b5   c7-c6
3.Lb5xc6   Lg7-d4†
4.Sf3xd4   Sf5xd4
5.a5xb6   Sd4xf3†
Gegen 6.c7† war keine Verteidigung möglich.
6.Tb3xf3   Te8-e1†
7.Td1xe1 1:0.

Diagramm Nr. 269
Fuhrmann – Ignat
Herkulesbad 1981
1.Dg5-f6!   Tf8-g8
Statt mit der Partiefortsetzung (2.Sg8:) hätte Weiß rascher entscheiden können.
2.Df6xf7!!
2. . . .Dd8 3.Ta7! Lc6 4.Td7: Ld7: 5.Dg7:†! Tg7: 6.Sf7† Kg8 7.Sd8: usw.
So stark die Dame auch ist, kommt sie nur dann zur Geltung, wenn sie aktiviert wird. Die herumschweifende oder zur Passivität verurteilte Dame kann von den feindlichen Kräften ins Unglück gestürzt werden.

Diagramm Nr. 267
Ghinda – Sax
Olympiade, Malta 1980
1. . . .   Dd8-b6!
2.Se6xg7   Tf8-f2!
3.De2-d3   Kg8xg7!
3. . . .T8c2:? 4.Dc2: Tc2: 5.Kc2: Kg7: 6.Kb1! führt zu unklarer Stellung.
4.Td1-d2   Ld7-f5
5.Lg5-e3   Lf5xd3
6.Le3xf2
Auf 6.Lb6: käme Tc2:†!
6. . . .   Db6-f6! 0:1.

Diagramm Nr. 270
Karsa – Sines
Ungarn 1981
1.c5-c6!!   Sf5-e3
Sd3-b2!   Se3xf1
3.Dd2-f2   Da4-b5
4.c6xd7   a6-a5
5.Df2xf1 1:0.

Diagramm Nr. 271

J. Horváth – Forgács
Ungarn 1981

1.Lg2xb7!!	**Tc7xb7**
2.Se5-c6	**Da5-c7**
3.Ld4-e5	**Dc7-c8**
4.Td1-d8†	**Dc8xd8**
5.Sc6xd8	**Ke8xd8**
6.Df1-g2!	

Und nach 6. ...Lc8 7. c5 e6 8.c6
Te7 9.Td1† Ke8 10.c7 Td7 11.Td7:
Ld7: 12.Dc6 gab Schwarz auf. 1:0.

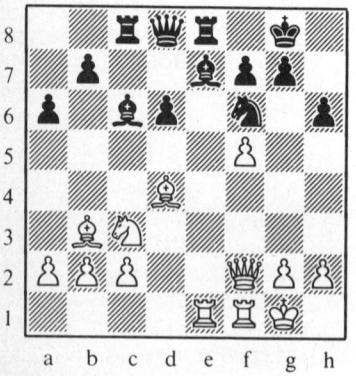

Diagramm Nr. 272

V. Toth – Alvarez
Olympiade, Skopje 1972

1.Ld4-b6!	**Dd8-d7**
2.Lb3-e6!	**1:0.**

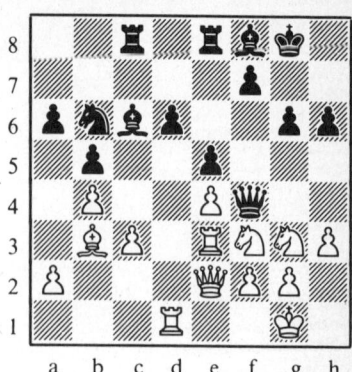

Diagramm Nr. 273

Rajna – Trois
Pécs 1980

1.Sg3-f5!!	**g6xf5**

1. ...Le4: 2.Sd6: Ld6: 3.Td6:
Sc4 4.Te4:! Dc1† 5.Tdl +—.

2.g2-g3	**f5xe4**

Oder 2. ...De4: 3.Te4: Le4: 4.g4
+—.

3.g3xf4	**e4xf3**
4.De2-d3	

Nach 4. ...e4 5.Dd4 Sc4 6.Lc4:
bc4: 7.Kh1! (7.Dc4:? La4!) 7. ...
Te6 8.Tg1† Kh7 9.Da7 Te7 10.Da6:
Lb7 11.Dd6: Teb 12.Dd8 Tc8
13.Da5 Lg7 14.a4 Kh8 15.Dh5
Td8 16.a5 Tdl 17.a6 La6: 18.Te4:!
Schwarz gab auf. 1:0.

142

Schwerfiguren

Die Dame und ein Turm oder zwei Türme repräsentieren eine gewaltige Angriffskraft. Hauptsächlich dann, wenn entsprechende Linien oder Reihen in ihrem Besitze sind.

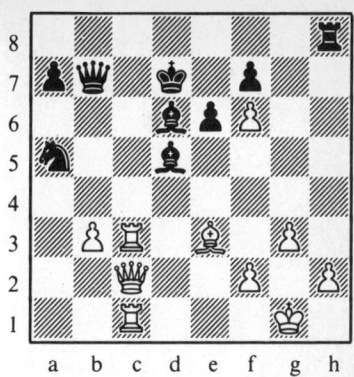

Diagramm Nr. 275

Betrachten wir nun ein interessantes Zwillingsbeispiel. Zwei Großmeister wandten dieselbe Verteidigung in demselben Turnier an. Das linienöffnende Opfer des Angreifers war aber gegen beide Verteidigungsmethoden erfolgbringend.

5.b3-b4!	**Db7xb4**

5. . . .Th2: 6.Da4†, +—.

6.Tc1-b1	**Db4-g4**
7.Le3xa7	**e6-e5**

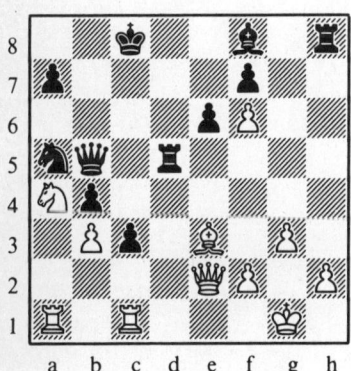

Diagramm Nr. 274

Kasparow – Timoschtschenko
Frunse 1981

1.Sa4xc3!!	**b4xc3**
2.Tc1xc3†	**Kc8-d7**
3.De2-c2	**Lf8-d6**
4.Ta1-c1	**Db5-b7**

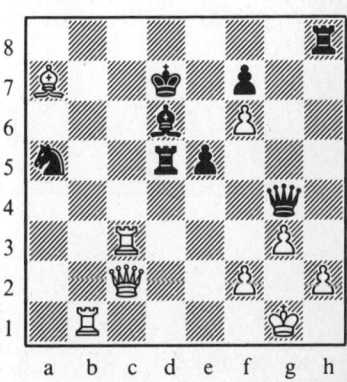

Diagramm Nr. 276

8.Dc2-a2

Nach 8. . . .Td1† 9.Td1: Dd1: 10.Kg2 Dh5 11.Da4† Ke6 12.h4 De2 13.Da5: Ta8 14.Da4 Kf6: 15.Dd7 Kg7 16.Tf3 Dc4 17.Dd6: Ta7: 18.De5:† Kh7 19.Tf5 Dc6† 20.Kh2.

Schwarz gab auf. 1:0

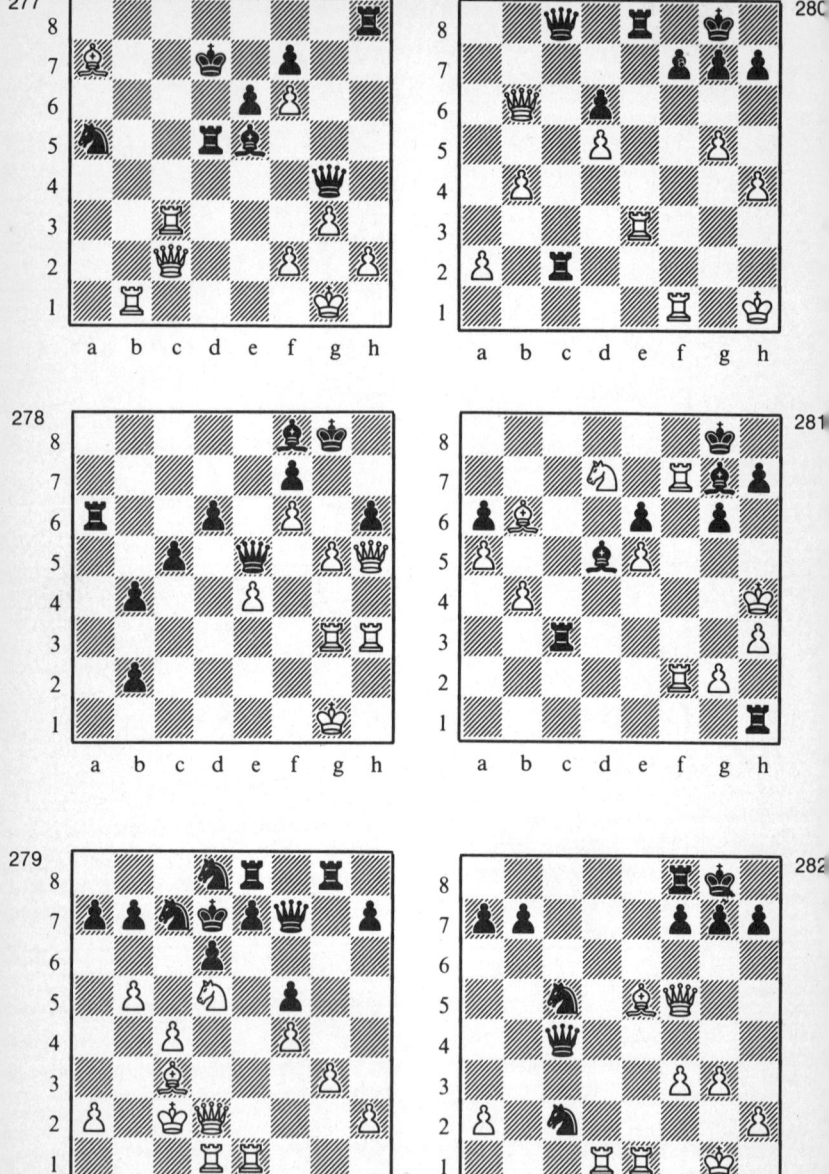

144

Diagramm Nr. 277
Kasparow – Dorfman
Frunse 1981
Stellung nach 7. . . .Ld6-e5.
1.Tc3-c5!	Td5xc5
2.La7xc5	Sa5-c6
3.Dc2-d3†	Kd7-c8
4.Tb1-d1	Sc6-b8
5.Td1-c1	

Und nach 5. . . .Da4 6.Ld6† Sc6
7.Le5: Td8 8.Db1 Td5 9.Db8† Kd7
10.Dc7 Ke8 11.Dc6† Dc6: 12.Tc6:
Te5: 13.Tc8† gab Schwarz auf. 1:0

Diagramm Nr. 278
Falk – Ostojic
Wiesbaden 1981
1.g5xh6†	Kg8-h8
2.Tg3-g8†!!	Kh8xg8
3.Dh5-g4†	Kg8-h7
4.Dg4-g7†!!	Lf8-g7
5.h6xg7†	Kh7-g6
6.g7-g8D†	Kg6-f6
7.Th3-f3† 1:0	

Diagramm Nr. 279
Hort – Jansson
Olympiade, Skopje 1972
1.Sd5xe7!! 1:0

Diagramm Nr. 280
Skrobek – Schmidt
Polen 1980
1. . . .	Te8-e4!!
2.Te3-g3	Te4xh4†
3.Kh1-g1	Tc2-h2 0:1

Diagramm Nr. 281
Ciocaltea – Ribli
Zonenturnier, Herkulesbad 1982
1. . . .	Ld5xg2
2.Tf7xg7†	Kg8xg7
3.Tf2xg2	Th1xh3†!
4.Kh4-g4	Tc3-f3!

5.Tg2-f2	h7-h5†
6.Kg4-g5	Thg3† 0:1

Diagramm Nr. 282
Mariotti – Kortschnoi
Rom 1982
1.Le5xg7!!	Kg8xg7
2.Df5-g5†	Kg8-h8
3.Td1-d8!!	Sc5-d7

3. . . .Td8:?? 4.Dd8:† Kg7 5.Dg5†
Kf8 6.Kh6† Kg8 7. Te8††.
4.Te1-e8!	Dc4-d4†
5.Kg1-g2	Dd4-g7
6.Dg5-e7	Kh8-g8
7.De7xd7 1:0	

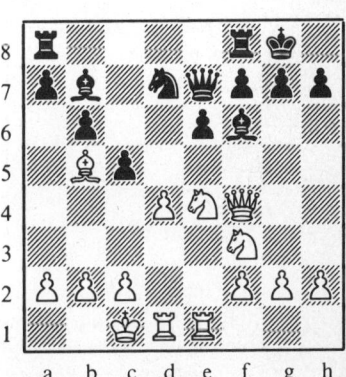

Diagramm Nr. 283

Titkos – Z. Polgár
Budapest 1981
1.d4-d5! Lf6-d4

a) 1. . . .ed5: 2.Sd6.
b) 1. . . .Ld5: 2.Ld7:,
c) 1. . . .e5 2.Sf6:†.
2.Df4-c7

Und Weiß gewann nach einigen
Zügen.

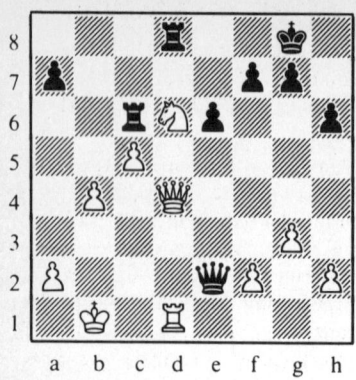

a b c d e f g h

Diagramm Nr. 284

Kállay – Perényi
Ungarn 1981
  1. . . .   Td8xd6!!
Auf 2.cd6: Dc2† 3.Ka1 Ta6 usw.
Weiß gab auf 0:1.

Die Bauern

Die Bauern machen in der Ausgangsstellung die Hälfte des Heeres
aus. Obwohl sie auch im Schach nur
Gemeine sind, haben sie hier mehr
Chancen, Offizier zu werden.
Gelingt es dem Freibauern, die
8. (bzw. 1.) Reihe zu erreichen,
wird er in der Regel zur Dame
umgewandelt. In diesem Fall wird
sein Wert theoretisch auf das
9-fache anwachsen. Daraus folgt,
daß ein „schwungvoller" Freibauer vom taktischen Gesichtspunkt her von größerem Wert ist,
als seine Gefährten.
Die Verteidigung bemüht sich frei-

lich zu verhindern, daß der Freibauer des Angreifers das Umwandlungsfeld erreicht. Deshalb trachtet der Angreifer danach, den
Vorstoß des Freibauern notfalls
auch mit taktischen Schlägen zu
fördern.
Nähert sich der feindliche Freibauer dem Umwandlungsfeld, muß
man auf der Hut sein, da man
sonst allzu leicht überrascht wird.

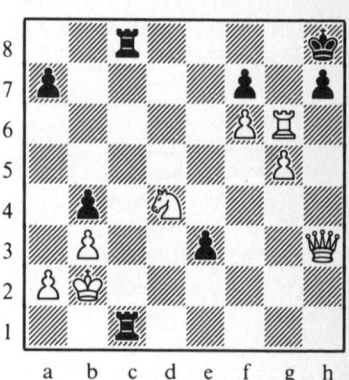

a b c d e f g h

Diagramm Nr. 285

Edöcs – Perényi
Ungarn 1980
  1. . . .   e3-e2
Wer hätte gedacht, daß Weiß bei
solch materiellem Übergewicht in
eine Verluststellung geraten kann?
Der überraschte Anziehende gab
die Partie sogleich auf, und zwar
vermutlich angesichts der nachstehenden Varianten:
a) 2.Se2: T8c2#.
b) 2.Tg7 Tb1† 3.Kb1 e1D† 4.Kb2
Dc1#.
c) 2.Dd3 e1D 3.Tg7 Tb1†! 4.Db1:
Dc3#.
Theo   Schuster,   der   bekannte

Schachschriftsteller, deutete darauf hin, daß die Aufgabe voreilig war, denn Weiß hat sein Pulver noch nicht völlig verschossen. Eine von Theo Schuster erfundene Falle:

2.Dh3-e3!   e2-e1D
3.De3xe1   Tc1xe1
4.Tg6-g7

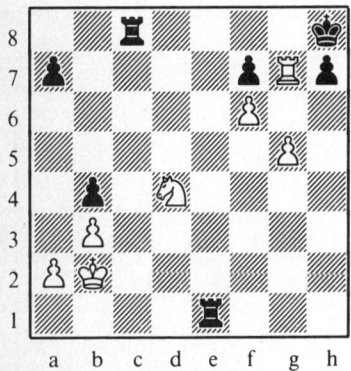

Diagramm Nr. 286

A)
4. . . .   Te1-e4?
5.Sd4-f3   Te4-e2†
6.Kb2-b1   Tc8-d8
7.Kb1-c1   Te2-e3
Falls 7. . . .Tf2, so 8.Se5! remis.
8.g5-g6!!   h7xg6
8. . . .Tf3: 9.Thh7:† führt zu ewigem Schach.
9.Sf3-g5
Remis durch Dauerschach.
B)
4. . . .   Te1-d1!
5.Sd4-f3
Oder 5. Sf5 Td2† 6.Kb1 Tcd8 7.Se3 Te2, —+.
5. . . .   Tc8-e8!
6.Kb2-c2   Td1-f1!

7.Sf3-d2   Tf1-f2
und jetzt geht der Springer verloren, z. B.: 8.Kc1 Te1† 9.Ke2 T1e2 oder 8.Tf7: Tc8† 9.Kd1 Td8 usw.

Von den Freibauern sind insbesondere die sogenannten „entfernten" Freibauern gefährlich, weil sie weit vom gegnerischen König entfernt vorrücken. Da wird die Erzwingung des Abtausches des ganzen „Offizierstandes" als ein gewöhnliches Manöver oft angewandt. Solche einen „Putsch" hat der Anziehende im nachstehenden Beispiel organisiert.

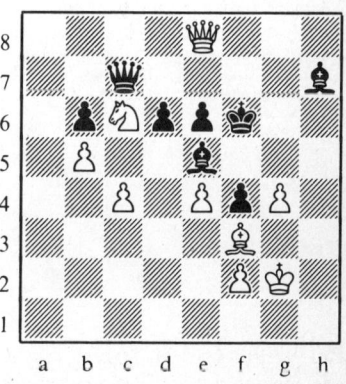

Diagramm Nr. 287

Forintos – Portisch
Ungarn 1981
1.g4-g5†   Kf6xg5
2.Sc6xe5   d6xe5
3.De8-h5†   Kg5-f6
4.Dh5-h6†   Lh7-g6
5.Lf3-h5!
Nach 5. . . .Dg7 6.Dg7:† Kg7: 7.Lg6: Kg6: 8.c5! verschafft Weiß einen entfernten Freibauern.
Schwarz gab auf. 1:0.

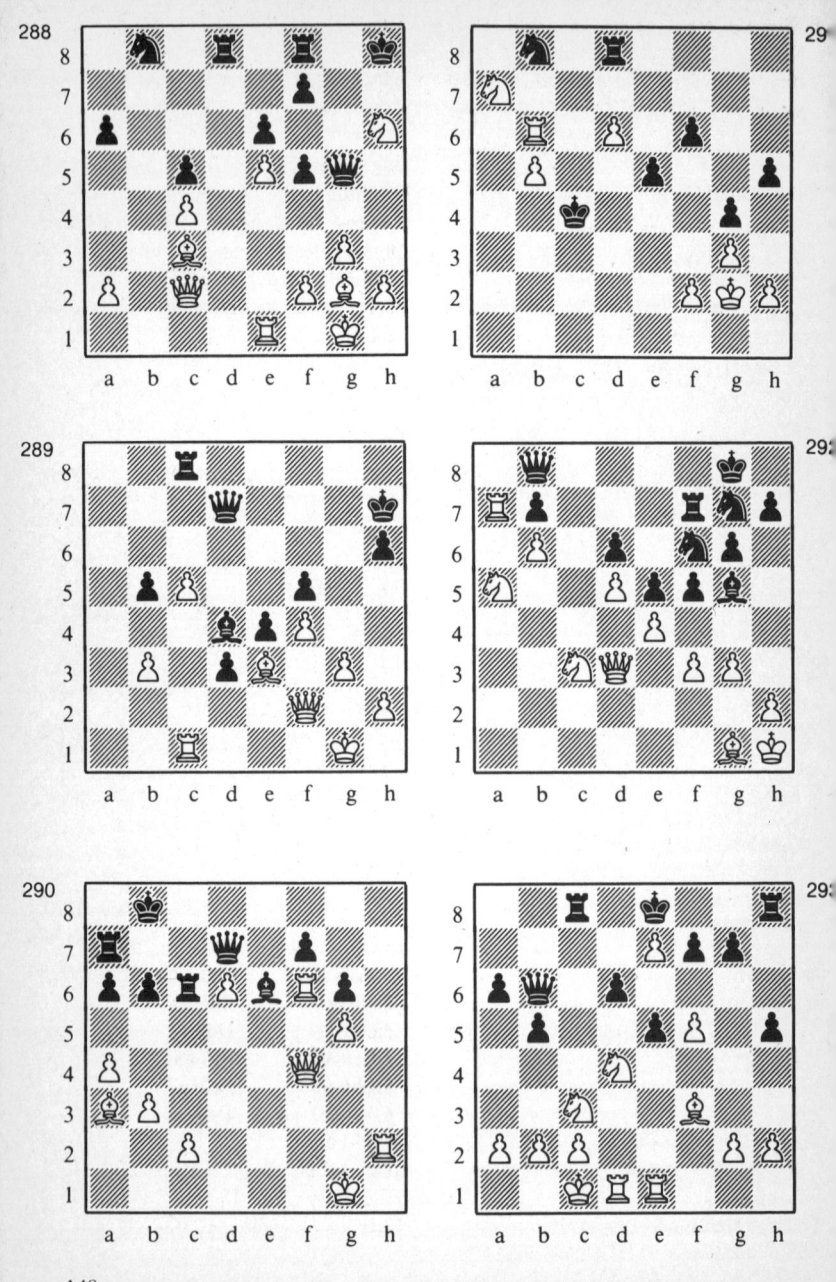

288

289

290

291

292

293

Mit Opfern „gewürzte" taktische Schläge fördern die Umwandlung der Freibauern in den untenstehenden Partien.

Auf 1. . . .Tb7: käme 2.Da6! usw., +—.
Schwarz gab auf. 1:0.

Diagramm Nr. 288
Jusupow – Suetin
Don-Rostow 1980
 1.Sh6xf5!
1. . . .Df5: 2.Df5: ef5: 3.e6† Td4 4.Ld4: cd4: 5.e7 Te8 6.c5!, +—.
Schwarz gab auf. 1:0.

Diagramm Nr. 293
Rantanen – Danman
Olympiade, Skopje 1972
 1.f5-f6!! g7-g6
 2.Te1xe5!! d6xe5
 3.Lf3-c6†!! 1:0

Diagramm Nr. 289
Bachtiar – Bilek
Olympiade, Skopje 1972
 1. . . . Tc8xc5!! 0:1

Diagramm Nr. 290
Haág – Krzyszton
Fernschach 1977-80
 1.Tf6xe6! f7xe6
 2.Th2-h7! Dd7-d8
 3.d6-d7† Kb8-b7
 4.La3-b2!
Es droht 5.Lf6 usw. Schwarz gab auf. 1.0.

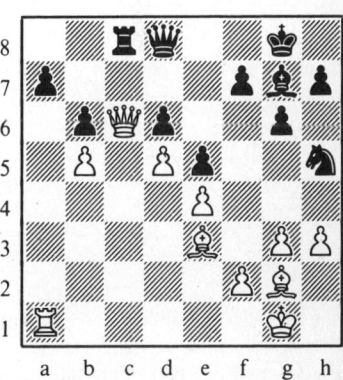

Diagramm Nr. 294

Diagramm Nr. 291
Lecuyer – Ferry
Vitrolles 1981
 1.Tb6xb8 Td8xb8
 2.Sa7-c6 Tb8xb5
 3.d6-d7 1:0

Hort – Biyiasas
Interzonenturnier, Manila 1976
 1.Ta1xa7!! Tc8xc6
 2.d5xc6 Sh5-f6
 3.c6-c7 Dd8-c8
 4.Le3xb6 Sf6-e8
 5.Lb6-a5 Se8xc7
 6.Ta7xc7 Dc8-e6
 7.b5-b6
und nach 7. . . .Db3 8.b7 Lf8 9.Ld2 Db6 10.Td7 d5 11.ed5: Ld6 12.Le3 gab Schwarz auf. 1:0.

Diagramm Nr. 292
Portisch – Donner
Amsterdam 1981
 1.Sa5xb7!!

Diagramm Nr. 295

Faragó – Szabó
Ungarn 1974

1.Dc8xf8!!	Df3xf8
2.Td2xd4	Df8-b8
3.Td4xe4!!	Db8xb7
4.Te4-e8†	Kh8-g7
5.Te8-e7† 1:0	

„Bauernwalze"

Bilden die vorrückenden Bauern eine Kette, dann verjagen sie die vor ihnen befindlichen Schutzfiguren. Diese Art des Angriffs heißt „Bauernwalze". Der Rückzug der Verteidigungskräfte bringt einen Raumnachteil mit sich, während die Angriffskräfte hinter der Bauernwalze, im Hinterland des Angreifers, zum entscheidenden Schlag ruhig aufmarschieren können. Sehen wir uns also in einigen Partien die Bauernwalze in Aktion an.

(s. Diagramm Nr. 296 rechts oben)

Meduna – Inkjow
Zonenturnier, Herkulesbad 1982

1.g3-g4	Df5-g6

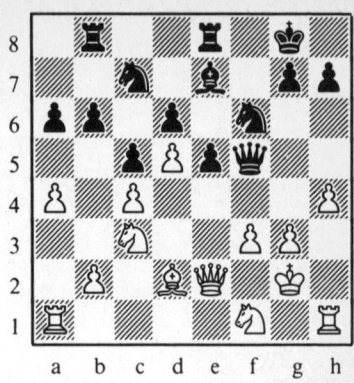

Diagramm Nr. 296

2.h4-h5	Dg6-f7
3.Sf1-g3	Sf6-d7
4.Sg3-f5	Sd7-f6
5.Sc3-e4	Sf6xe4
6.f3xe4	Le7-f8
7.g4-g5	b6-b5

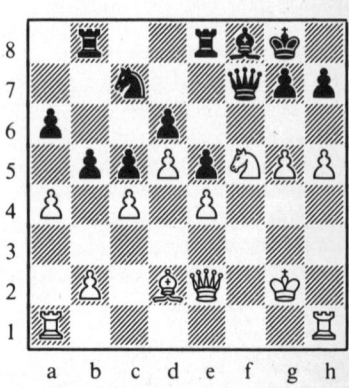

Diagramm Nr. 297

8.g5-g6!	h7xg6

8. . . .Dd7 9.h6!
a) 9. . . .hg6: 10.h7† Kh8 (10. . . . Kf7 11.Taf1† Ke7 12.Lg5#) 11.Sh4 Df7 12.Taf1 +—.

b) 9. . . .gh6: 10.g7! Lg7:
   9.h5xg6   Df7xg6
9. . . .Dd7 10.Th8† Kh8: 11.Dh5†
Kg8 12.Dh7#.
   10.Kg2-f2   1:0.

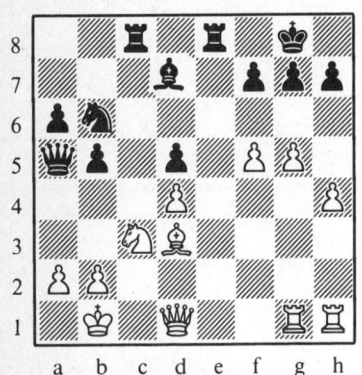

Diagramm Nr. 298

Knaak – Panczyk
II. Telex-Olympiade 1981
1.g5-g6	**f7xg6**
2.h4-h5!	**Tc8xc3**
2. . . .Lf5: 3.Lf5: gf5: 4.Df3 b4
5.Tg7:† Kg7: 6.Df5: +—.
3.h5xg6	**Tc3xd3**
4.g6xh7†	**Kg8-h8**
5.Dd1xd3	**Sb6-c4**
6.f5-f6	**g6-g5**
7.f6-f7 1:0.	

(s. Diagramm Nr. 299 rechts oben)

Adorján – Ribli
Budapest 1979
1.h4-h5!	**Sb6-c4**
2.Lf1xc4	**Tc8xc4**
3.g4-g5	**Sf6-d7**
4.Td1-g1!	**Dd8-c7**
5.g5-g6	**Tf8-c8**

(s. Diagramm Nr. 300 rechts)

Diagramm Nr. 299

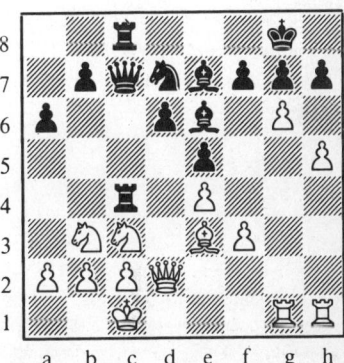

Diagramm Nr. 300

6.Le3-h6!!	**Le7-f6**
7.g6xh7†	**Kg8xh7**
8.Lh6xg7!!	**Lf6xg7**
9.h5-h6!	**Lg7-f6!**

(s. Diagramm Nr. 301 nächste Seite)
10.Dd2-g2!!
Es droht 11.Dg7†! Lg7: 12.hg7:†
Kg8 13.Th8#.
Schwarz gab auf. 1:0.
Danach versteht sich von selbst, daß

Diagramm Nr. 301

man den Vorstoß einer Bauernkette möglichst beizeiten verhindern muß. So verfuhr auch Polugajewski, als er die Bauernkette mit Figurenopfer zerschlug, bevor sie zu frech geworden war.

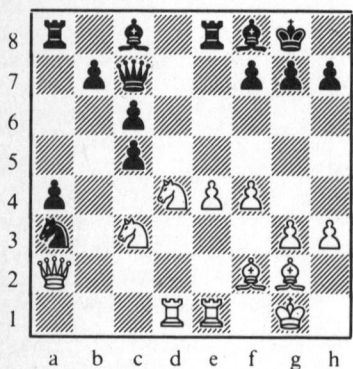

Diagramm Nr. 302

Polugajewski – Harandi
Interzonenturnier, Manila 1976

1.Sd4xc6!!	c5-c4
2.Sc6-d4	Lc8-d7
3.e4-e5	b7-b5
4.Lg2xa8	Te8xa8

5.f4-f5	b5-b4
6.e5-e6	f7xe6
7.f5xe6	b4-b3
8.Da2-b2	1:0.

Die Erstarrung der Bauernkette

Die Erstarrung der Bauernkette ist schädlich, falls sie auf der Farbe des gegnerischen Läufers zustande kommt. Da kann sie leicht gesprengt werden.

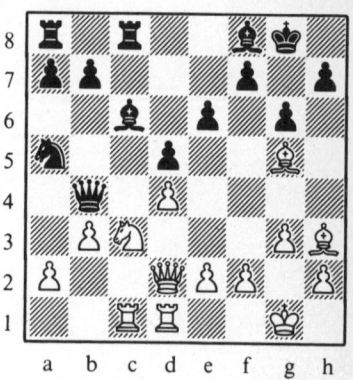

Diagramm Nr. 303

Flesch – Bednarski
Bern 1975

1.e2-e4!	d5xe4
2.d4-d5	h7-h6
3.Lg5xh6	Tc8-d8
4.Lh6xf8	Db4xf8
5.Sc3xe4	e6xd5
6.Se4-f6†	Kg8-g7
7.Dd2xa5	Df8-h8
8.Lh3-g4!	Kg7xf6
9.Da5-c3†	Kf6-g5
10.Dc3-e3†	Kg5xg4
11.De3-f4†	Kg4-h3
12.Td1-d3	1:0.